VCi 亨通堂

创造有价值的阅读

男人靠得住，女人能上树

十三姨 ◎ 著

山西出版集团
山西人民出版社

图书在版编目（CIP）数据

男人靠得住，女人能上树 / 十三姨著. —太原：山西人民出版社，2011.9

ISBN 978-7-203-07413-7

Ⅰ.①男… Ⅱ.①十… Ⅲ.①婚姻－通俗读物②恋爱－通俗读物 Ⅳ.① C913.1-49

中国版本图书馆 CIP 数据核字（2011）第 169453 号

男人靠得住，女人能上树

著　　者：十三姨

责任编辑：郝文霞

出 版 者：山西出版集团·山西人民出版社

地　　址：太原市建设南路 21 号

邮　　编：030012

发行营销：0351-4922220　4955996　4956039

　　　　　0351-4922127　（传真）　4956038（邮购）

E－mail：sxskcb@163.com　发行部

　　　　　sxskcb@126.com　总编室

网　　址：www.sxskcb.com

经 销 者：山西出版集团·山西人民出版社

承 印 者：三河市南阳印刷有限公司

开　　本：710mm×1000mm　1/16

印　　张：16.5

字　　数：220 千字

版　　次：2011 年 9 月　第 1 版

印　　次：2011 年 9 月　第 1 次印刷

书　　号：ISBN 978-7-203-07413-7

定　　价：27.00 元

目录
CONTENTS

目录
CONTENTS

③ 先有男人的愚蠢，才有女人的疯狂

——当"水星女"遭遇"火星男"/87

目录
CONTENTS

序

十三姨是这样一个妙人儿：

喜欢做媒，不多做，但一做必然成功，且经她撮合的情侣会迅速开花、结果；

喜欢劝人结婚，而且能义正词严无可辩驳地让人铁了心跳进爱情坟墓。凡被她劝入围墙的男女，两三年后无不热泪盈眶地表示感谢，因为"幸福死了"；

喜欢劝人分手，迄今为止劝离过二十八对情侣，过一段时日后，他们都感慨说：如果早分手就更好了；

喜欢劝人减肥，在她的指导下减肥成功的女孩，个个成为抢手饽饽，找到了生命中的白马王子；

还喜欢帮人泡妞，总结出"追女三十六计"、"升级七十二变"。在她的谋划下，很多男人喜抱美人归。

十三姨谈论男女时讲求的是理性，谈论婚姻时讲求的是建设性。

身为女人，她很了解女人的心思。她不仅能极其敏锐地感受到女人的问题所在，更能以清晰的语言、严谨的逻辑、明确的证据，将这些心思、问题，甚至感觉，表达清楚。

同时，她熟知男人的游戏规则与逻辑原理，能轻而易举地洞穿男人的问题与诉求，把握男人的弱点并能迅速提供最有效的解决办法。

男人和女人始终生活在不同世界。无论是"水星女"、"火星男"的全球热捧，还是天上鸟、水中鱼的爱情童话，无不说明男女其实是空间中的两条直线，看似有可能相交，其实根本不在一个平面。结果是，当男人和女人满怀幻想、激情燃烧地进入婚姻后，才绝望地发现，男人女人，在不需要对峙时，对方是狼一样的对手；在需要合作时，对方又是猪一样的队友。

徒叹奈何！

居高不下的离婚率，让人们几乎不敢相信爱情。统计显示，2010 年，北京的离婚率高达 39%，上海为 38%，深圳为 36.25%。"出轨"、"小三"、"离婚"成为特别热门、点击率极高的网络词汇之一。在这个爱情黯淡、信任崩盘的年代，我们该怎样救赎爱无能的自己和恋人？最冷酷又最善良的十三姨提供了一味味猛药，让长痛者短痛，让有情人终成眷属。

十三姨说：

性关系本质上是一种社会关系。和什么样的人 ML（做爱），决定了在此期间你有什么样的社会关系，以及在这种关系中你应遵循什么样的行为法则。

十三姨称：

爱情说到底是一种经济关系。郎情妾意说的是双方的情感需求，郎才女貌讨论的是商品的质量，门当户对则是衡量双方购买力的硬性指标。情投意合说到底不过是暗指垫脚石的高度。

十三姨言：

婚姻是一个重大的经营项目。对待婚姻，如果意气用事，太过感情化，就可能鸡飞蛋打，惨烈收场；相反，若能以盈利为目标，明确自己的需求，并且相应地有所付出，就容易获得幸福。

获得美满爱情和幸福婚姻的十六字箴言是：认清行情，谨慎投资，理性经营，适当止损。

十三姨认为，男女社会角色的不同，导致了其思维习惯的严重差异。女人常问：谁来爱我？男人常说：我该爱谁？为了自救救人，女人应试着去了解男人，同时也应深入地了解自己。

同时，十三姨对托尔斯泰的名言"幸福的婚姻是相似的，不幸的婚姻各有各的不幸"嗤之以鼻，认为不幸婚姻的不幸表象固然很多，但最重要的根源无非两个：钱，性。

她一方面支持女性独立，"若把男人当成长期饭票，则印证了'婚姻就是长期的卖淫'"；一方面她又认定，女人要有女人的样子，温柔、体贴、贤妻良母型的女人仍旧是社会和谐稳定的基石。

她坚持认为合理的婚姻应该是一种资源优化，她并不支持女人越俎代庖，代替男人工作，取代男人的地位；反而劝说，女人应该找到最合适的分工方式，为和谐家庭的建设添砖加瓦。

她见过或者听过很多男人不过如此的事情，但是仍旧对男人、爱情和婚姻充满信心，并将这种信心融入字里行间，传递给阅读这些文字的人。她只是想让人相信，婚姻是可以经营得有情有趣、有声有色的，每个人都有获得幸福的权利，最好也有获得幸福的能力。

谨以此书献给遭遇感情危机的情侣们。愿十三姨的文字能为你们雪中送炭，帮助你们迅速看清隐藏在争执和冲突背后的情感真相，以最简洁的方式了解彼此的情感症结与诉求，并且以快刀斩乱麻的方式找到解决之道。

此书更要献给滚滚红尘中曾经爱过且正在爱着的痴情男女。愿你们能有所感悟，掌握最有效的恋爱技巧，愿你们的爱情天长地久、长命无绝衰。记住，幸福不是上天的恩赐，而是聪明之人用心和手培育的花朵。

❶女人，你到底是谁

——掀开被掩盖的女人真相

·男人是女人戒不掉的瘾·

某才女明星是很多人的偶像，尤其是很多女生奋斗的目标，但是她却说："我想送给大家一句话：优秀的女人是没有好下场的，除非你找到一个好老公。"

这句话如果从积极的意义来理解，可以视为告诫女人重视情感、重视家庭，但是若从消极的意义上说，则太把男人当回事了，俨然男人就是女人的天，是女人幸福的源泉。

在这种逻辑里，再牛的女人 PK 到最后的标准就是：你的男人怎么样、你的婚姻怎么样——很明显的男权社会的价值评判系统。

睿智如杨澜都如此，也难怪很多事业有成的女人最后还是要选择一个男人。比如很多女明星最后要选择"豪门"，很多女强人要选择一个男人"成家"。有的比较幸运，过上了"平凡人的生活"；有的则比较不幸，养了一个"白眼狼"，不仅关键时刻指望不上，就是平日里还会招猫逗狗惹麻烦。范冰冰说"我就是豪门"，比起那些费尽心机打破脑袋想挤进豪门的人，显得更自信，也更豪迈。

阅读本书的女生，你身边是不是就有这样的例子？或者，你自己就遇到过这样狗血淋头的事儿，以及一个狗血淋头的男人？

多少事业有成、风光无限的优秀女人，最后选择了一个不过尔尔的男人，之所以这么做，要么是拿对方当潜力股培养的，要么觉得自己的条件好，别人的背叛成本就大——其实，男人才不会这么想！

不少男人就掐住了女人的这根筋，号准了女人的这根脉。

多少开始的时候苦苦追求你并承诺一生一世对你好的男人，最后嫌弃你强势、霸道，觉得你不够尊重他，出轨的理由是因为你不在意他或者他配不上你？有多少振振有词跟你背诵"认识你是我几辈子修来的福分"的男人，最后背着你跟一个实在不咋地的女人胡搞，被你发现的时候一边信誓旦旦地说自己跟对方没什么真感情就是玩玩，同时又在埋怨你，说你或者你的父母兄弟姐妹都看不上他，所以他才出轨？

有多少在感情或婚姻中已经竭尽全力无可厚非的女人，最后的结局却是"遇人不淑"？真的是"遇人不淑"吗？那为什么那个男人跟别的女人在一起又能看上去很美？

男人永远不过如此，但是女人还是会像飞蛾扑火一样朝着男人跑去，围着男人转悠。

多少女人信奉学得好不如嫁得好，为了嫁得好所以学得好？连亦舒都说，女人获得高学历是因为婆婆不欺负高学历的媳妇。可是，事实呢？婆婆可以嫌弃你长得丑，自然就会嫌弃你长得美。长得丑影响家族的基因传续，长得美同样会让家族血统的纯洁性受到威胁。婆婆能嫌弃你学历低，悲哀如贾静雯等明星，自然也会嫌弃你学历高。我身边就有这样的例子，女硕士嫁了一个大专男，婆婆觉得媳妇学历高，她不怪自己的儿子技不如人，反而认为媳妇学历高对儿子照顾不周是媳妇的错——她甚至都不感激媳妇的工资是儿子的三倍还用来养家，却认为女人应该本分一些，宁愿她吃糠咽菜地相夫教子。

另外一个女博士似乎更悲惨，因为自己已然是女博士，故而在学校里没找男博士，毕业后也不愿意找个没文化的暴发户，最后找了一个比自己小两岁的本科男，她的悲剧人生就此拉开帷幕。婆婆嫌她年纪大，嫌她笨手笨脚，嫌她不会照顾家，甚至嫌弃她工作繁忙……而她那个千挑万选得来的小老公，自己花5个小时打游戏都不算什么错误，她在家里接个工作电话倒跟出轨一样，属于对不起他的范畴。

最后，女博士带着不到半岁的女儿离婚了，男人并不争夺抚养权，因为"如果生的是儿子，也不会离婚"。

感情本来就是赤裸裸的，如果你不愿意和男人上床，男人就不会对你有感情；就算有，也不会有深情。很多想跟你暧昧似乎又不想跟你上床的男人，他之所以跟你继续暧昧下去是因为随时都有跟你上床的可能，他乐于在这种可能带来的温存和快感中游弋和游戏。如果一个男人明确知道他永远都不可能跟你上床，他连暧昧都不会跟你发生，更别提爱情。

至于婚姻，那就更功利了。很多女人骨子里有圣母潜质，觉得即使对方是穷光蛋性无能，自己也能跟对方过一辈子。男人呢？因为女人不能生孩子而闹得鸡飞狗跳的男人还少吗？因为女人不喜欢床第之欢而肯抚慰、包容的男人又有几个？

在这一点上，女人们的思维就很奇怪，如果生不出孩子，就觉得是自己对不起男人；但是男人如果性能力有问题，就算会自残，也不容易让他觉得对不起女人。有钱有能力的女人能接受一个资质普通的男人并和他结婚，然后美其名曰这样有安全感；但是，有几个盛名之下的男人明知一个女人不能生育而坚持跟她结婚，并且对爱情忠贞不渝呢？

社会的进步导致女人的功能不断增强，而男人，始终就是那么回事。在进化的体系中，女人在不断进化，男人的进化空间因此被挤压。

可是女人仍旧需要男人，仍旧围绕男人转，仍旧将自己大部分的时间和精力投入到与男人的关系中去，把自己的青春年华挥洒在男人身上。女人明知道那可能是一条毒蛇，还要用自己的胸怀去温暖他；女人明知道那可能是颗石头而非天鹅蛋，却热衷于去孵化他。

——到底是女人不懂男人，还是女人不懂自己？抑或，道理女人都懂，但是男人像女人的毒品，就是戒不掉？

女人，你到底是谁

·当女人谈性时，她在谈什么·

记得大学的时候，开"卧谈会"，刚开始读时尚杂志性爱专栏的女生们，躺在床上对未来生活进行一些设想，讨论起"第一次"希望是什么样子的。

女生们的回答千奇百怪，其中有几个女生的回答让大家笑了很久。

一个女生说，她希望第一次是在自己家很大很新很干净的房子里，有干净漂亮的床单和窗帘——是的，她铺垫了很多，都是关于环境的。

大家于是就开涮，说她是物质狂；或者嘘她："我们要讨论的不是这个问题，而是那个问题。你说得太偏了，至今都没出现男人呢。"

然后这个女生赶紧补充说，她的男人帮她放好热水，在圆的白的大浴缸里，守着她帮她洗干净，然后用白色柔软的大浴巾把她抱到床上……

女生说到这里就打住了，听的人听到这里也不再追究，似乎大家对于此事所有的幻想就到此为止了。

另外一个女生说，她设想的第一次是和一个年纪大一些的有钱的成熟男人发生的。这个男人不仅深爱她，也有娴熟的技巧，温柔体贴，能让她不害羞、不抗拒，顺利地接纳他。——说了半天仍旧是感受，与实质无关。

即使是现在，身边的女人们在讨论约会的时候，对于男人最在意的问题，比如晚上怎么安排，她们的回答往往是：还没想好呢，到时候再说吧。

其实，女人关注的一定是吃什么，逛什么，去什么样的地方，买什么样的东西，有什么样的心情。

而与此同时，准备出门的男人，已经在包里装上了安全套——女人们也许是知道的，但是脑子里设置了自动屏蔽，在描述约会行程的时候也自然省略了这个在男人看来才是真正目的的情节。

而男人，很可能跟室友或跟老妈说一声：今天晚上不回来了！

即使是成年女人，如果分享体验较好的经历时，也一定不会单刀直入，只说关键环节对方如何生猛。更重要的，会记得当天他们在什么样的饭馆，吃的是什么东西，席间有怎样的惊喜，因为男人送了她一个很特别的礼物，她觉得男人是多么值得信赖，因为那个男人是多么温柔地帮她擦拭嘴角，然后他们如何牵手，如何一起回家，如何相拥作别等。

女人喜欢的是整个过程，最后那半小时或者十几分钟的时间是顺其自然、水到渠成的。所以，正常情况下，女人和情人的理想约会是，从头到尾都不提关键问题，但是双方做足了铺垫，最后那一会儿的事情就成了必然的小高潮。

女人内心深处的习惯是：如果想要顺利到达最后一步，男人必须把前面诸多细致的温存铺垫好；如果最后女人没情绪，一定是因为男人前面的工作没做好。

一位女性朋友和一个男人谈起恋爱了,男人简直是百里挑一的钻石王老五,从事互联网行业,身为上市公司高管,手中持有相当数量的原始股,虽然很年轻,但是思想很传统,才30出头就号称从不乐意要,找女朋友的目的就是相守一辈子——简直是女人眼中的完美标本。

两个人相见恨晚,这姐妹也努力抓住千载难逢的时机,很快就与对方打得火热,两人开始谈婚论嫁。

可是自从见过双方父母后,男人每次见面不是忙不迭地把她推进卧室,就是猴急猴急地把她塞进宾馆房间。结果女人开始悔婚。

约会对于男女是不一样的。很多男人从见到女人的那一刻开始,心底就在想着赶紧推进整个流程进入关键环节。而女人,是否想进入关键环节,则取决于整个流程中的所有环节。

吃饭的地方是否干净?吃的饭菜是否可口?吃饭的过程中,男人是否散发着迷人的气息?男人说话是否得体?是否给她拉了凳子、帮她要了她喜欢吃的水果和甜点?这种考量和打分的过程会深入每一个细节,并且会持续很久,如果其中所有环节都是女人期待的、让女人舒心的,即使男人没有邪念,女人也会在心里自然说出"我愿意",如果此刻男人没有想到,或者不经意地拒绝,女人很可能心痒难耐。

如果一个男人当着女人的面剔牙,或者牙齿上沾着菜叶子跟女人大声说话,就算他请客吃饭的地方是全城最高档的,就算他请吃的菜肴是全店最昂贵的鲍鱼龙虾,女人最后答应上床也未必是心甘情愿的。

偶尔女人也会有不得已而为之的时候。如果一个女人只奔着这个目标和男人约会,或者感觉到男人只是奔着这个目标和自己约会——她们会很努力地暗示自己,甚至会很努力地调整自己的情绪,给自己打气,但是事后,她们会觉得索然无味。就算她们装出亢奋和期待的神情,到了关键时刻,她们还是会异常清醒,甚至还会无法自控地问自己:这是怎么回事?我是不是不够爱他?问题出在哪里?我怎么成了这种女人……如此等等。

如果女人表现出很亢奋的状态，男人也没必要信以为真。有时候女人这样做有自己的目的，比如为了感恩，为了堵住对方的嘴，为了不扫对方的兴，甚至为了下一步的计划——也可能为了让男人在事后逃跑或者多付出点什么，谁知道呢！

事后，有的女人看清了自己的目的，比如为了继续维持一段感情，或者为了索求某些物质，她还会继续这样；但是大部分女人，遇到这样的男人，而男人的筹码又没有大到让她可以违逆自己内心的时候，她们就开始打退堂鼓了：我和他，是不是不适合？或者，他根本不是真正懂我的人。

遇到这种情况，女人已经在想办法撤退，或者赶紧择枝而栖了。

有一些女作者，每每写起恋爱来，就会写一个男人什么样的手指，什么样的指甲。女人还会通过一个男人穿什么颜色、质地、花纹的衬衫或者鞋子来判定一个男人。很多女人讨论起自己喜欢某个男人的原因，往往是因为他身上有淡淡的洗衣粉的味道，或者手指修长，指甲干净——男人或许永远都无法想到，当他们炫耀自己的尺寸，并且以为女人在意他们的尺寸的时候，女人更在意的或许是他们是否有清新的口气，他们指甲的长度是否合适，看上去是否简洁干净。

女人对于男人以及对于性的关键问题，都是"虚化"的。女人总是过于注重情绪的铺垫，并且通过种种细节铺垫推动自己的感觉逐渐升温，只有感觉升温之后，她们才会有性需求。

女人了解男人，往往是凭"感觉"，先感而后觉。比如《非诚勿扰》中，舒淇就说，爱上什么人，靠的是鼻子。

在寻求伴侣的过程中，女人的鼻子发挥了极其重要的作用，女人可以通过鼻子嗅出男人身上的气息，以及气息背后的很多秘密。

一位女性朋友倾诉，她无法接受男人身上混合着汗水和旺盛的油脂分泌产生的浑浊的味道。女人和女人讨论这个话题，表情会立刻变得夸张，因为她们似乎看到这个男人气喘吁吁大口吃肉的肥硕嘴脸，或者挥汗如雨笨拙地做体力活的形象。

另外，有的女人不喜欢男人身上夸张的香水味，说它像极雄性动物求偶时候的气息。在女人眼里，这种味道似乎属于公猩猩。

"可能有一些女人会喜欢这种纯粹的雄性气息吧，但显然不是我。"大部分女人如是说。

男人以为那种雄性气息能引发女人产生冲动。不知道是因为他们过高地估计了自己的性吸引力还是过高地估计了中国女人的品味。其实很多女性朋友反映，她们很厌恶以这种形式吸引女人的男人。相反，女人更喜欢淡淡的清香，无论是来自洗衣粉的，还是洗干净的头发的，或者剃须水的淡雅味道，都比某些运动香水更让女人有亲密感。

男人靠得住，女人能上树

女人可经不起夸，如果你夸她哪根寒毛漂亮，她一定会拿着放大镜看那根寒毛，并且认定那是全世界最漂亮的寒毛——其实很可能，那只是一根普通的寒毛！

·女人常常高估自己·

很久以前我写专栏，说到一个现象。如果像考试成绩一样，把男女也划分为 A、B、C、D 四个等级，A 是最高分一档，那么这个世界上，我们常见的范围中，男女的搭配大多会是这样的：A 等男人配 B 等女人，B 等男人配 C 等女人，C 等男人配 D 等女人，D 等男人配 A 等女人。

我不经意地跟生活中的女性朋友提到这个观点的时候，好多女孩的第一反应是：某某不像是 D 等男人啊！

在她们的概念中，已经把自己定位为 A 等女人了。她们首先考量自己的男朋友是不是 D 等！而她们却已然忘记，或者根本就没想过，自己到底是哪一等级的女人。在她们内心深处，自己理所当然是 A 等女人。

几乎所有女人都这样认为，无论她身高几何，体重几何，或者是否贪吃、懒惰，是否是大龄剩女且面有菜色。

有一次和三五女友聚会，大家在某咖啡馆的玻璃墙内一边欣赏着外面的风景，一边打量美女。

正好有几个女子进入视线之内，于是我们开始品头论足和八卦，八卦的内容自然是讨论哪个女子更入眼一些。女生甲钟爱 OL 范儿的，身高 165厘米左右，体型偏瘦，穿着小西装，配着 HOT 裤和短款靴，看上去亭亭玉立，简约、整洁，让人觉得时尚、干练。

她说如果我是男的，会更喜欢这一种。

女生乙则喜欢看上去俭朴恬静的那一个，站在一旁即使不说话，也能让人感觉到她气定神闲。

甲觉得乙喜欢的类型太懒散，不提气，乙说甲看好的类型太装腔作势，而且小气。

二人争执不下，为了缓和气氛，甲乙就开始自我检讨并且给自己台阶下：其实我们都是女人的眼光，不代表男人的意见，我们并不知道男人喜欢哪种女人。

于是高潮出现了，甲很自然地接着说：“如果我是男人，就喜欢我这样的女生！”

面前的这个女生甲，165 厘米的身高，但是我怀疑她的体重差不多超过了 140 斤。可能因为身形的原因，再加上衣服并不考究，看上去显然比实际年龄大一些。而且，她已经 26 岁，还没谈过男朋友！

26 年来没有一个男人被吸引，“如果我是男人，就喜欢我这样的女生！”这样的说法如何能让人信服？

每个女人都喜欢高估自己，就像很多女明星在听到有人说某人比自己漂亮时都不服气一样。

高估自己这件事儿，跟年龄、职业、是否结婚没有必然联系；换句话说，女人从幼儿园到养老院都在高估自己。

我们的母亲至今还会跟我们的父亲说：“没有我，你哪有今天？”

我认识的一位阿姨，曾在她儿子结婚的当天晚上，问她老公："今天的客人觉得咱们的儿媳妇怎么样？"

他老公显然已经学会了如何应对她，于是说："他们倒没觉得儿媳妇怎么样，都说你端庄高雅，就是个子矮了一些。"

这位阿姨至今，每逢假日聚会，总会忍不住说出这句话，看似是转述别人的话，其实就是在不遗余力地夸赞自己。

有一位女性朋友曾经接触过一些摄影师以及模特的经纪人。她说，摄影师和模特的经纪人都常常忍不住叫苦连天。摄影师百般无奈地说："女人可经不起夸，如果你夸她哪根寒毛漂亮，她一定会拿着放大镜看那根寒毛，并且认定那是全世界最漂亮的寒毛——其实很可能，那只是一根普通的寒毛！"而经纪人的苦衷更让人哭笑不得：很多人认定自己是最好的，是最美的，别人都是有缺陷的，开口就说"我一定会红"，让人不知该如何应对。

那位经纪人当时组织了一个活动，要选拔一些新的模特，但是只要局部漂亮就好，比如，手、脚、肩膀，或者唇、眼睛。他的招聘书发出去不久，就收到了大堆的邮件，每个邮件里几乎都附有照片。每个人都对自己身体的局部极尽赞美之词，并言之凿凿地宣称它们如何与众不同，美冠天下。

令人遗憾的是，很多女人最终都没有进入这个行业，而且——即使进入这个行业，能够"火"的几率也相当于撞大运。

有一位大学肄业的 30 岁左右的女子，她遇到的感情困扰是：不知道为何她爱的男人都躲着她。她找人倾诉，习惯性地重复着一句话："你知道吗？我是多么骄傲的一个女人啊！"

尽管用学历、年龄、身高、体重、收入等指标去衡量一个女人是非常浅薄的，而且没什么价值，但是，因为她像祥林嫂一样不停地倾诉，所以让人很有挫败感。问题的核心是，一个30岁左右，大学肄业，身高160厘米，体重160斤的未婚女性，到底有什么资格这么骄傲呢？

女人，无论古今中外，无论年龄大小，大约都会犯自我评价过高的毛病。有一次朋友聚会，女友们各自倾诉和发泄生活中的不满。有人意外地聊起一些八卦，并大发感慨："有时候，即使女人很完美，在男人的眼里，可能还是有问题，甚至无法谅解。"

现场有两位主妇，一位30岁，刚生过孩子，一位50多岁，几乎异口同声地说："是啊！我老公就是这样！"然后她们似乎找到了共同的话题，开始控诉各自的老公。在控诉中，还不忘自我表扬一下。

生活中总有这样的人，明明很普通，甚至连普通的标准都不到，却自视甚高。认为别人不欣赏自己是因为别人要么没眼光，要么没认真发现自己，要么就是道德不高尚。

在工作中，这种人明明自己能力一般，却总觉得领导不够重视自己，经常用"you don't know me"之类的话一边埋怨别人，一边给自己开脱。常常在需要承担责任和风险的时候，习惯性地躲闪或者溜号，但是心底真的觉得自己是可爱的聪明的有预见性的——更重要的是，错误是别人的，自己是最正确的最无辜的最完美的。

这种人，既可气又可笑。

男人不太理解，为什么两人仅仅是对一个盘子的观点不同，女人却一定会上升到世界观、价值观的高度，顺便还会讨论起缘分以及生死的问题，然后开始评判这段感情如何，或者这个男人如何。

·女人热衷于以爱的名义改造男人·

男人的眼光往往"肤浅"，男人在看好女人的脸蛋、身材或者涵养的时候，女人已经通过诸多细节更深地了解了男人的家教、消费习惯甚至性格弱点。

男人会觉得自己的一切都是自然的，女人却喜欢小题大做，将男人的任何一个性格弱点无限放大，最终落实到：和这样一个男人在一起，她的生活里会有哪些潜在的危机，面对这些危机，自己将会多么悲惨，所以她们会立刻行动。

很多女人会想尽一切办法去改变男人，或者对男人指手画脚。

有的男人恰好需要一个"管家婆"，于是他们能够长相厮守，毫无疑问，他们是幸运的；而有的男人最讨厌别人对他指手画脚，于是他们俩磕磕绊绊，甚至分道扬镳。

大学时那个对男人和第一次有着美好幻想的女人，至今仍旧徘徊在梦碎的边缘，因为她每次都"从骨子里无法接受一个男人"。

这个女人的情感之路一直不太顺，她总是遇不到能满足她期待的男人，那些看上去有美好潜质的男人，每每总让她失望。据说，有一个男人对她甚是殷勤，也做一些很讨女人喜欢的情圣们做的事情，比如送花、送礼物、陪玩。可是，她喜欢白玫瑰，他偏送红玫瑰；她喜欢非洲菊，他偏送勿忘我；她喜欢吃米饭，他偏请她吃面条；她喜欢逛街，他偏拉着她打游戏。最关键的是，她觉得和他最亲密的行为一定要有美好的记忆，最好是在干净、温暖、阳光灿烂的大房子里，可是他似乎每次都是随心所欲。她之所以无法从心里接受某一个男人，只因为每次他会给她很多明示或者暗示，让她感觉，他始终不能以她期待的方式顺利推进他们的关系。

男人不太理解，为什么两人仅仅是对一个盘子的观点不同，女人却一定会上升到世界观、价值观的高度，顺便还会讨论起缘分以及生死的问题，然后开始评判这段感情如何，或者这个男人如何。男人喜欢大花的图案，仅仅是个喜好而已，既然男人不嫌弃女人毫无情趣地喜欢白瓷，女人为什么非要挑剔男人喜欢大花图案太俗气？

男人自然也不会理解，自己喜欢吃面条已经喜欢了30多年了，为什么这个号称爱他的女人讨厌他吃面条的样子，并且还要从讨论吃面条出声开始，莫名其妙地上升到工资和房子的高度？

其实女人也不理解，为什么号称爱她的男人想的就是要跟她上床这件事。甚至女人的性别弱势让她们感觉，在她们还没有百分之百准备好的时候，那些想跟她们发生亲密关系的人是在用一种特殊方式伤害她们。

没有诺言，没有温存，没有期待，没有房子，任何一个女人觉得不够理想的状态，甚至包括环境，比如潮湿阴暗的房间，条件简陋的出租房等等，对女人来说都是难以接受的。

而男人关注的是实质，他们就一个目的，只要这个目的实现了，他们会把周围的一切都忘记；只要这个目的实现了，他们甚至忘记还需要温存，需要精美的礼物这种敲门砖，或者需要诺言这种善后条款。

在女人的眼里，一个带着脏的长指甲的男人的手是无法给自己舒心的抚摸的，那么她就永远得不到她想要的亲近和亲昵——如此，他们的夫妻关系就不会好。

而且，长指甲会划伤孩子娇嫩的皮肤。那么，有长指甲的男人也不会给自己的孩子安全的照顾。

如果一个男人对品牌毫无感觉，女人就会认为，自己的男人不太上得了场面，尽管她也未必有撑起大场面的能力，无论外表、气质或才华，她一辈子都不可能成为 PARTY QUEEN，但是她对自己即将堕落为"蓝领配偶"的事实仍旧会很焦躁，她一眼就看到自己未来的生活状态——与财富、地位毫无关联的生活状态，这让她异常苦闷。

相反，如果一个男人过于追求其正常的消费力无法企及，或者有压力的生活状态，那么这个女人就会没有安全感。女人几乎可以用几秒钟的时间预测，自己将不得不和男人一起填充这个消费黑洞。

如果一个男人的钱足够支撑起他的品牌消费，如果这个男人恰好也热衷于此，她就顺便能看出这个男人虚弱的不堪一击的内心世界，以及金玉其外的架式，并且会像一个巫婆一样预测到这个败家的男人在不久的将来就要面临破产的事实。为此她必须进行自保，要么教育这个男人更理性地消费，要么赶紧离开，免得到时候城门失火，殃及池鱼。

某个女人新交了一位男朋友，在金融机构工作，不仅是"金领"，还是"金领"的领导，看上去两个人珠联璧合，但是女人总是找不到跟他有实质性进展的感觉。

原来，这个男人比较偏爱名牌，偏爱到近乎迷恋的程度，对很多名牌门儿清，并且有收藏的癖好。尽管他的收入足以支撑起这种生活，并且认为这就是他钟爱的生活方式，但是女人觉得没有必要，没有安全感：这个男人没有最起码的责任心，也没有生活概念。

尽管可能只是一次争执的失利，但是女人会迅速联想到，如果她和这个男人一起生活，男人绝对不会省下一个面霜的钱给孩子买奶粉的——既然这样，这个男人也太自私了。而且这个男人也必然会对她，对与她有关的一切吝啬，包括她的孩子，她的父母，她未来的健康与保险计划。

生活中有很多类似的例子，当一个女人需要一个男人先买房子，而这个男人用买房的钱买了一辆他喜欢的车——这或许就是两个人分手的征兆和导火索。

男人或许无法理解，为什么不能按照自己的意愿来花自己的钱，尤其那辆车自己已经期盼了好多年？

当女人和女人成为敌人，这个世界忽然就有一半的事情是无限清晰的。只可惜，女人总是把别人看得一清二楚，而自己似乎始终像处在月亮背面一样，躲在自己犀利的目光、恶毒的语言背后。

·她只听想听的话·

有很多女人、女孩、女生都热衷于星座。经常有人给我发与星座有关的内容，诸如性格、运势、弱点等等，与我分享。

其中有人对星座非常敏感，觉得实在太神了，声称没有谁比星座达人更了解她们了。

有一天，忽然有5位女性朋友几乎同时发来描述她们各自星座性格与运程的文字。我看完之后颇为意外地发现，她们讲述的内容与讲述的方式大同小异，极尽温柔、体贴、夸赞之能事。以下是有关不同星座的人的几段描述。

"纯真的个性里没有杀伤力，所以不用太担心。基本上，可以把这个星座出生的人，视为一个永远具备赤子之心的孩子，无论他的年龄几何！他们充满了强烈的好奇心、坚强的意志力，不服输和勇于冒险、创新求变的精神。"

"他们相信拥有爱情、美丽与富有的喜悦，是生命存在的证明，也是他们信仰的真理。他们忠诚、真心、善解人意、实际、不浮夸、率真、负责，凡事讲求规则及合理性。喜欢新的理念并会花时间去接触、证明，是个自我要求完美的人；同时他们善于欣赏和创造美的事物。在艺术创作的领域也高人一筹，不是艺术家就是优秀的鉴赏者。"

"他们相当具有灵性，聪明，心智活跃敏锐，喜欢忙碌和追求新的概念及做事的方法，有活力，口才一流，精力充沛，胸怀大志，人缘很好，并且都有语言天分，长于思考。"

好吧，我只摘抄了一部分，是的，摘抄。然后惊奇地发现，这些充满溢美之辞的描述，都是女生愿意相信，甚至愿意认同的——其实，这些文字适合任何人，能让任何人开心地接受，也能让任何人沾沾自喜并且充满遐想！

当我把这些语句打乱发给不同星座的人时，她们都觉得说的是她们这一星座之人的性格特征！

——其实这是关于不同星座之人的性格描述！

我问过很多人，终于明白：所有人看星座，无论是星座性格还是星座运势，都是首先或者几乎只看自己的！也就是说，如果是 12 段话，她一定先找到"说"自己的那一段；如果是 12 篇文章，她只看写自己星座的那一篇，然后就认定自己是与众不同的。

当然，这没什么不好——包括我自己都这样。这样的特质正好反映了女人的简单可爱、自得其乐。

接下来的问题是，很多人只听对自己有益的话。女人的脑子就像一个花园，如果一眼看到的是大片的玫瑰，她很容易忽略玫瑰旁边到底长的是勿忘我还是天堂鸟。

这让我想起之前说的那个阿姨，她不停地向别人转述她老伴的话："他们倒没觉得儿媳妇怎么样，都说你端庄高雅，就是个子矮了一些。"

我们可以存疑一下，说话的人到底是夸赞她高雅还是遗憾她个子矮呢？就算一句话没有花那么多心思去组织，那么，让她兴奋、高兴的，到底是"高雅"还是"个子矮"？

我们可以做个无聊的假设，如果对方只说：可惜，你个子矮。她还会那么兴奋，把那句话不停地转述吗？

所以，我们可以看出，很多女人的大脑其实是选择性记忆的，即只记对自己有利的信息，而这种"有利"，很可能只是直觉和第一反应。

有一位女生因为男友移情别恋，就和男友分手了。但是她一直不能释怀，很不甘心。在失恋期内，她不停地说一句话："他说，我是他见过的最懂事的女生。"所以，似乎就为了这句话，她不停地争取、争取。直到最后，那个男人忍无可忍，换了工作，换了住所，换了手机号码。

如果我能用电脑程序模拟出她在这一事件上的行为，"你懂事，懂事，懂事"这句话一定会像白炽灯一样在她的脑海里不停地闪烁，激励她在四周黑漆漆的情爱之路上不停地横冲直撞，直到最后，撞到了墙。

后来，这事情过去很久之后，我才知道，这个世界上有一种卡叫"好人卡"。而分手的时候夸赞一下对方，其实是发"好人卡"的一种 2.0 模式。

说到这里，我忍不住想，到底是发明"好人卡"的人该打板子，还是发"好人卡"的人该打板子？

女人，你到底是谁

而女人，又为何非要对那些听上去似乎是夸赞，但其实是预示诀别的信息那么认真呢？

要知道，夸赞女人的词，不只有"懂事"一个。不少男人在和女人分手时都会发给对方一张"好人卡"，上面写着各种溢美之辞，比如，你是对我最好的女孩；你是我的第一个女人；我跟你在一起的感情是最纯净的；你是我生命中最重要的女人……

即使不在情感状态中，女人的耳朵也乐于接收对自己有利的信息，甚至大脑只能听进去乐意听到的词语。一次，在一条熙熙攘攘的大街上，我在百货大楼门口不远处等人，忽然听到后面有一个女人很大声地喊：美女！我觉得是在叫自己，出于本能，循着声音就回头了，然后还用眼睛找那个喊"我"的人。几乎同时，好几个年龄、身高、外貌各不相同的女人都和我一样，回头（转头），搜寻。

我甚至想，这样的事情在任何一条城市的任何一个街道上，每天都可能上演很多遍。

有时，一句话，如果前半句中带着夸赞的意味，那么很多时候，女人会直接忽略后半句。同样，如果后半句中有女人中意的词汇，那么她可能马上就会忘记前半句，仿佛根本没听到似的。

有一次，我带一个好友回家，我妈妈对她说："这孩子（指我）脾气不好，你要多包涵，也要帮助她改正。"其实我妈妈说话的重点是，她担心我的缺点影响了我和好友的交往，提前告诉她，希望她能帮我改进。而我很习惯地把这句话听成，我妈妈希望我的好友多包涵我的坏脾气。

跟一个朋友讨论女人的天性，她的话有些极端，但是也颇具代表性。她说：如果你跟一个女人说，你哪里都好，就是没脑子，她听到的很可能是"哪里都好"，而不是"没脑子"。

男人靠得住，女人能上树

就像如果你说一个女人脸上所有的器官都丑得要死，"就那颗雀斑最可爱"，她一定以为她那颗雀斑真的可爱得要死！

一个全身都是缺点的女人，和另一个全身都是缺点的女人，如果相遇并发生冲突，会是怎样的情形呢？

我身边就曾发生过这样的事情。

一个结婚 5 年的女人，遇到有人追求她老公，并且杀上门来。

小三凭借年轻貌美鄙视正宫老、胖、没情趣、没人想多看一眼；而正宫也用种种恶毒的词语咒骂小三贱、骚、没教养……

其实，就算她俩说的都是事实，她们也忽略了两点：其一，矛盾因何而起？事情之所以变得一片狼藉，都是因为她们喜欢同一个男人，而这个男人风流成性、不负责任！其二，她们各自都有问题。

当女人和女人成为敌人，这个世界忽然就有一半的事情是无限清晰的。只可惜，女人总是把别人看得一清二楚，而自己似乎始终像处在月亮背面一样，躲在自己犀利的目光、恶毒的语言背后。

后来，男人终于做出一个抉择，他对那个追求他的人说：你真的哪里都好，只是我不适合你。

他对妻子说：我只想和你过一辈子。

两个女人领到了她们各自需要的关键词，一场风波就此平息。

我们不得不佩服这个聪明的男人，身处风暴之中，犹能做到绵里藏针，四两拨千斤！

> 　　中国女人在择偶的时候，是选择一个生活伴侣，选择一种生活方式，甚至选择一个生活圈子。中国女人在跟男人交往的时候，并不希望身边的"他"被贴上"衣冠禽兽""色狼""性爱战士"的标签，无论他私下里多么生猛。

·真正吸引她的，是不起眼的小细节·

在恋爱中，很多男人以为女人需要某些东西，就特别专注地表演或者给予；其实男人引以为傲、拼命炫耀的那些东西，对于女人来说，要么不堪一击，要么忍无可忍。

有一部分男人喜欢炫耀自己的肌肉，比如有几块胸肌、有几块腹肌什么的。当然，这可能有一些渊源，美式大片里的男人大多是有肌肉的，而电影中给出的画面是，金发碧眼的女人们看到健硕的肌肉是忍不住流哈喇子的。

但是很显然，这些男人并不符合中国女人的口味，不知道他们是 A 片看多了，还是对中国女人的了解不够，难道在他们眼中，女人都喜欢体力好的男人，而体力好的标志就是肌肉成块？

无论如何，有无健壮的肌肉都不是女人选择恋爱或者结婚对象的标准。也许是受传统文化的影响，也许是中国女人特殊的喜好，她们在选择恋爱或者结婚对象的时候，并不会特别看重表面信息，比如刺鼻的香水味道，牛舌头舔过一样的头发，甚至在辣妹的唆使下，老贝那种把指甲染成粉红色的时尚。

女人并不喜欢男人这种明目张胆的宣扬，相反，她们关注很小的细节。如果细节不"合适"，女人的身体就会抗拒。

年轻的时候读杜拉斯的小说，女主人公总是会描写很多繁缛的细节，什么样的窗帘，什么样的风，男主人公穿着什么样的西装，用着什么样的烟斗……尤其对于性爱场合的描写，什么样的地毯，什么样的味道——而她那些描写，总让人有不洁感，总是弥漫着一种烦躁、苦闷、不甘心的情绪——这似乎也是书评人对杜拉斯本人的评价。

与之对应的，我曾经有一个女朋友，和我聊起她和男朋友之间的种种，说男人对她很好，而且两个人之间的恋爱，是正儿八经奔着结婚去的，可是不知道为什么，她总是无法进入状态，经常很烦躁，而且没信心。

后来，我试着和她一起找寻解决办法。原来，她和男朋友租住在一栋破旧的居民楼里，房间常年失修，显得阴暗、肮脏，而且有一些油烟和霉气混合的味道。所以，每天，她都觉得自己和他似乎已经是相伴几十年的老夫老妻了——而她走出居民楼，就会忽然发现，原来自己还没结婚，还很年轻。

这种矛盾尖锐地存在于两个人的关系中，当他兴高采烈地想亲热时，她总是既沮丧又烦躁。于是他们经常不欢而散。

男人真正能吸引女人的东西，往往是不起眼的小细节。女人选择一个男人，可能只是因为与他在小细节上能够契合。

女人，你到底是谁

有一位女生说，有一次到男朋友家里，本来并不准备久留，打算赶紧出去吃饭的，结果，她发现客厅大花瓶里插着大束的白玫瑰。男人和白玫瑰都很自然地迎接她，她忽然就感觉自己心跳加快，控制不住想去拥抱这个男人。

而另外一位女性朋友，之所以愿意跟一个男人相伴今生，不是因为稀罕这个男人能全款买房子，也不是因为他有一份体面的工作，甚至不是因为男人家境殷实，比如家里有多少产业，手上有多少股票，而是因为他家里窗帘、床单的颜色和图案简直就像是她自己选的，她见到他的床单，就觉得这个男人就是上天给自己准备的！

还有不少女人，对和一个男人亲密关系的印象不是无休止的缠绵，而是缠绵时每次转过头，就能看到床头的摆设，那些摆设让她觉得，这个男人的家就是自己的家。

我的另外一个女朋友，家人给她介绍了一个号称身家上亿的王老五，但就因对方执意请她去吃他酷爱的水煮鱼，并且把油乎乎的大块鱼肉用勺子盛了倒到她面前的盘子里，一顿饭还没正经开始，女人已经想好了如何从饭桌上逃跑。

女人就是这么不靠谱的动物。

说得好听点，中国女人更内敛、更含蓄、更低调，她们要的是细水长流而又五彩缤纷的生活。在考察和等待阶段，这种生活最核心、最敏感的部分，自己知道就好，别人可以通过脸色就能感觉到，不需要特别说明。

若说得明确一点，中国女人在择偶的时候，是选择一个生活伴侣，选择一种生活方式，甚至选择一个生活圈子。中国女人在跟男人交往的时候，并不希望身边的"他"被贴上"衣冠禽兽""色狼""性爱战士"的标签，无论他私下里多么生猛。

她们都希望身边的男人在别人眼里是高尚的、优雅的、温柔的、体贴的，就算她心底已经觉得可以和这个男人在一起日夜厮守了，也希望在别人看来他们进行的是一场纯粹的柏拉图式的恋爱。至于对方是何等生猛，富有创意，做的时候尽管做就好了，除此之外，不需要说明，彼此就有百分之百的默契。

她们恋爱最实质的部分，一定是完美到不需要并且无法跟任何人分享的。

女人，你到底是谁

> 有时候我们强迫自己用理性的方式来面对自己和他人，来解决面临的问题，最后却发现，我们一直使用的理性武器原本不是身体本能需要的，于是我们先和自己打上一仗，然后不由分说地和身边的男人争论一番，甚至无端地挑起一场战争。

·掌控生理，而不要被生理掌控·

其实人是受控于生理本能的，而生理本能又依赖于生理事实本身。

只是这些问题的细微变化隐藏在人类的血液中，对于各类精密的腺体，我们并不能了解得很清楚。

有这样一对夫妻，男人是厨师，女人是外企高管，两个人没有孩子，从他们相识的那天起，一直到结婚将近30年的时间里，几乎所有认识他们的人都觉得他两不会长久，结果，一直到现在，他们都很好。

老女人们问她，为什么会看上一个厨师，还看上了这么多年？这个女人很坦荡地回答："说了你们可能不信，我俩这么多年，性生活一直很好！"言毕，露出几许羞涩和得意。

自此之后，女人们再不怀疑他们两个能否长久。

很多女人，即使生了孩子之后，甚至即使到了更年期，都未必了解自己。

这和年纪没关系，甚至和女人的受教育程度以及知识结构也没什么必然联系。

我有一个男性好友，系某投资公司的项目负责人，人前很是风光，32岁已经开上了公司配备的奥迪 A6，但是私下里他却常常像老鼠躲着猫一样地躲着他的老婆。因为他的老婆天天都耍脾气，让他无法过一天安生日子。三天一大闹，两天一小闹，好不容易不闹了，又来了大姨妈，两个人都无法亲近，于是进入下一轮的恶性循环。

更多的女人喜欢抱怨男人。她们或者跟熟人抱怨，或者到网上发一些背后攻击男人的帖子。她们抱怨男人没意思婚姻没意思或者生活没意思，抱怨男人赚得少，自己房子小，婆婆脾气差……但她们并不了解自己为什么抱怨——就像她们不了解自己的生理周期一样。

我们的老祖宗很关注"生理事实"，所以几千年前就有《黄帝内经》。儒家、道家都告诉人们如何达成"天"和"人"和谐的关系，包括《吕氏春秋》都告诉我们房屋要怎么建造，几时晒太阳为宜，几时开窗户为好，其实只是想办法服务于我们的生理事实。

没错，女人有很多鲜为人知的生理事实。

尽管每个人的感受和表现不一样，尤其是每个人"服务于生理事实"的方法不尽相同，但是很多时候，女人更容易受控于生理事实，这是毋庸置疑的。

有的女人因为青春期发育早，为胸大而自卑，而有的女人又因为胸小而自卑——在你莫名自卑，对自己的性吸引力有不确信的焦虑时，可能很少有人想到，这跟胸的大小没有必然关系。

有一个女性朋友每每感慨，若要有理想的身高就好了。她觉得自己

160 厘米的个头不够挺拔，简直就是"埋没型身材"。她觉得正是因为这样的身材不能吸引别人注意，才导致她没有那么多恋爱能量。

而另外一位女友，很夸张地长到 176 厘米，却更加感慨，因为她无法从男人身上获取安全感，觉得男人之所以喜欢她是因为他们觉得她有比较不错的身高基因，她是他们强有力的生活伴侣，"他们对我都没有一丁点的怜惜，一丁点都没有！"她每每提起此事都会抓狂。她已经 27 岁了，仍旧没有找到一个可以与她宣誓结婚的人。在她的概念里，宣誓结婚就意味着，无论她是高是低是胖是瘦，是痴呆还是年老，或者残疾，对方都能心疼她、爱她，至死不渝。

"很显然，他们找我，可能是觉得等他们老了的时候，我能推得动轮椅。似乎准备生孩子的是他们一样，找我只为了到时候我能把他们抱进产房。"她说。她描述的时候惟妙惟肖，听者似乎已经看到她手托一个大腹便便的男人的情景。

当然，还有很多生理事实跟外表没有必然关系——它们属于女人，只要是女人都会有这种生理事实。

有的女性朋友反映，总有一段时间，可能是一个下午，也可能是两三天，她会觉得身边的男人很陌生，即使他们的感情没什么问题，她却总是忍不住偷偷叹息，觉得自己似乎是和一个陌生人在一起生活。

其实她和老公的感情非常好，他甚至不需要她出去工作，每个月连她刷掉卡里的多少钱他都不过问，不是二奶却享受二奶待遇，一度也是姐妹们羡慕嫉妒恨的对象。可是她忽然有一天觉得自己和这个男人没有话题，身体和心理都不亲近。某天晚上她被这种感觉纠缠，不堪困扰，于是就以散步为借口，离家出走；等到她深夜回来，发现男人已经在客厅沙发上睡着了，她更觉得这个男人实在陌生，甚至躺在床上觉得自己是不是走错家门了。

还有的女性朋友会忽然对自己的恋人很愤怒，那种焦虑难以名状，感觉自己似乎遇到了最无法接受的对手，就像吃了这辈子最讨厌的饭菜那般，不仅厌烦，甚至会恶心，似乎多一刻也不能接受这种状况了。于是她会在厨房里，在客厅，在看电视的时候，甚至是一个人正在逛街时，忽然就想号啕大哭。

　　更有甚者，还会经常引发点小争端。有时候唠叨几句就过去了，有时候唠叨了好久仍旧过不去，最后以吵架甚至分手结束一段感情生活；有的女人会有几天非常酷爱唠叨，一边唠叨一边满怀仇恨，而另外一些时日她又不愿意倾诉，金口难开；有时候女人会为一件很小的事情发火抓狂，并且小题大做，闹得满城风雨，但是同样一件事情，或许在另外的时候，女人反而很放松，很不计较，甚至愿意积极解决。

　　每当此时，她们不仅无法控制自己，而且会毫无道理地迁怒于男人。

　　女人不知道，男人根本没有这么敏感，并不会关注女人那么多的生理或者情绪变化。

　　女人要解决自己的问题，首先得了解自己，然后才能把握自己。

　　有的女性在例假来之前就会情绪低落，尤其是在来之前一两天，想起点什么事情就会有想哭的冲动，甚至忍不住就会哭出来，很小的事情都能触动她最敏感的神经，变成无限大的问题；而例假之后，则会有三五天的时间很失落，怅然若失，似乎有人把她内心深处那种充实感、踏实感抽走了，让她觉得自己挺没安全感的。

　　还有的女性朋友说，在她排卵期之前的两天，她会觉得自己非常急切、焦虑地需要男人，无论是生理还是心理。如果这段时间男人配合得好，她就会享受到充分的安全感和满足感，甚至会含情脉脉地打量身边的男人，觉得这个男人简直是自己命定的福星，觉得自己是天下最幸福的女人。

　　有的女性朋友觉得自己每个月都有几天时间特别想跟男人闹腾，结果她们会有一个星期甚至更长的时间，心理和生理都不痛快。

　　弗洛伊德提出一个概念叫"力比多"，他没有明确说，力比多的影响对于女人，能表现或者细致到什么程度，或许因为他是男人，更了解男人的需求。

　　作为女人，如果身体和心理出现什么异样，不妨思考一下有关"力比多"的阐述——说到底，很多想法，情绪、心理或者生理的需求，是因为身体本身的生理机能的需要。女人并不一定非要到了更年期才会激素失衡导致情绪变化，每一天，我们的身体都有细微的变化，这些变化影响着我们。

　　有时候，我们自以为应该服从本能需求，结果本能是魔鬼，和理性成为冤家，它们俩一起折磨我们的身体，导致我们的心理和情绪都出现故障。有时候我们强迫自己用理性的方式来面对自己和他人，来解决面临的问题，最后却发现，我们一直使用的理性武器原本不是身体本能需要的，于是我们先和自己打上一仗，然后不由分说地和身边的男人争论一番，甚至无端地挑起一场战争。

❷ 男人是种什么动物

——没人告诉你的男人秘密

> 男人总以为自己是社会动物，像大猩猩一样私下里给双方做了分工，然后期待他爱的女人不仅要服从他的安排，还要支持他的分工方式，并且要甘之如饴地接受他分配的任务。

·贤妻良母是男人最顺手的工具·

少男少女的爱恋，可以像《山楂树之恋》描述的那样，男孩见到女孩，因为"这个女孩怎么这么忧伤呢?"就爱上了这个女孩。这是少年的恋爱，是初恋的情怀——所以他们"纯"——死——了。

但是，当一个男人想结婚的时候，若被问及择偶条件，大部分会直言不讳地说想找一个贤妻良母型的；还有一些人，尽管嘴上不说，但是眼睛一定在观察，心底一定在考量，对方到底是不是自己想要的贤妻良母型的女人，或者起码有贤妻良母的潜质。

男人需要贤妻良母，不是因为他高尚，而是因为贤妻良母是男人最顺手、最好用的工具，是违约风险最低的搭档。

如果不信，大可潜伏到一些婚恋网站里，偷窥一下那些征婚之人的隐私。很多想正经过日子的男人都标明自己的要求，尤其那些号称月收入2万以上的管理人员，在写择偶标准的时候，会特别说明：

太喜欢玩的，泡夜店的就不要加我了——意思是说，自己想找的不是胡搅蛮缠的丫头片子，不是玩伴。

我喜欢两个人能一起做做菜，听听音乐——这句是说，我希望过家庭生活，你最好能做菜，而且也要一起享受家庭生活。

希望对方能孝敬父母——要尽好一个儿媳妇的本分，如果父母需要，该伺候得伺候。

我是个恋家的男人，希望你也觉得家是最好的港湾——你要把家收拾得干净整洁，别让我回去还要拖地；如果我在外面不开心，回家可以得到安慰。

是的，当男孩变成熟男，他的恋爱目的变得无比功利。他曾经在别的女孩楼下徘徊一整夜；他曾经为了打动别的女孩，骑着自行车跑遍整个城市，为她找一个她喜欢的卡带；他曾经攒了几个月的生活费，在情人节那天为喜欢的女孩买了一束鲜花；他甚至为追求喜欢的女孩，一个人单挑好几个，最后被打得头破血流。

最后，他想结婚，想有个温暖的家，想有个温柔的怀抱，于是浑身贴满这种标记了条件的"启事"，来到我们跟前。

当然，女人同样经历了色彩斑斓的年少时光，曾经也有男生为她打过架，也有男生为她奋不顾身过，也有男生一个春天都经过她的楼下，吹着口哨，或者故意喊她的名字，等她拉开窗帘看他一眼；夜深人静的时候，有男生在电话那头为她唱过情歌；有男生当面跪下来求她不要离开……所以，女生们也不必郁闷或者心理不平衡。

无论男女，都必须在经历中长大，时间让他们不那么任性，不那么自以为是，不那么自私，不那么不计后果——然后，考虑结婚。

婚姻是一种合作关系。结婚证就是一份长期合同。男人在谈合作的时候永远是自私的、利己的，在这个前提下再讨论情感、道德。

对于男人来说，能够保证他的婚姻利益最大化的合作伙伴就是：一个贤妻良母型的女人。

随着社会的发展，竞争愈来愈激烈，人们的生活压力愈来愈大，只有很少一部分男人会说："你没工作没关系，我可以养你。"如果男人这么说了，下面肯定会跟着一个附加条件："当然，我也希望在你智慧的努力下，把我们的家，变成一个让我每天都向往和奔赴的地方。"

很多号称养家的男人，对女人提供的服务其实要求更高；尤其是那些号称有头有脸，上得了台面的男人。因为你不出去工作，所以你必须负责给他做饭、擦皮鞋、熨衬衫，他的剃须水、床单、领带，没有一项可以马虎。

有一个号称年收入300万，养家养女人的注册会计师，某天早晨下定决心离婚，只因为翻遍衣橱，没有找到一件干净、平整的衬衫！

男人是大大的狡猾，他号称养你，其实是在对家庭劳动进行另一次分工，把原本他需要处理的事情如洗衣、做饭等等，分包给你。你因此成为他的一个情人兼保姆，或者是一个能当保姆的情人。

有一部分男人，与其说没那么狡猾，不如说没有能力如此狡猾，相亲的时候他们会说："希望对方有稳定的工作，让我们一起建设一个家。"当然，还有看似更宽厚更自信一些的男人会说："希望她有一份自己喜欢的工作，赚多少钱无所谓，重要的是要开心。"

看上去真是宽宏大量，其实这两种男人想表达的意思，换个方式说出来就是：你要和我一起赚钱养家；我可以多赚点钱，但是请不要给我找麻烦。

有一位女性朋友倾诉，曾经认识一个三线城市的暴发户男友，有一堆大型机械，号称几乎垄断当地市政工程承包业务，因为"欣赏"她而抛来橄榄枝。他跟她描述他期待的女人就是贤妻良母。在他的概念中，贤妻良母应该是这样的：会做饭，最好能做得好吃；会生孩子，最好能生个儿子；要温柔体贴，就算男人喝多了回到家也能默默地悉心照顾；要孝顺公婆；要相夫教子……

他见过的贤妻良母的楷模是自己的嫂子，因为她在家永远手拿抹布和织针；客厅永远一尘不染，厨房里永远都炖着美食，飘散着诱人的香气，就连隔壁老王的老婆都经常到她的厨房偷师学艺，还赞不绝口。

那么，你自己呢？她问。

他说："男人负责赚钱啊，我可以负责外面所有的事。"

很神奇的是，她发现他似乎有撞车癖好，因为在相识的半年时间里，他总是半夜两三点在外面撞了车的时候，给她发短信："撞车了，我第一个想到你。"

或者喝醉的时候给她打电话："我喝醉了，好难受，好想你。"

但是如果她忽然有点什么心情，看到点好玩的事儿给他打电话，他总是会说："这会儿在谈事儿……这会儿在忙……这会儿在开会……"

于是她下定决心不再理他。等到他没开会、没撞车，也没喝多，打电话过来却找不到她时，他就给她的好朋友打电话，或者给她的手机不停地发短信，他的常用语言是："我在外面这么辛苦，还不都是为了我们的未来？"

"好吧，你去为你的未来奋斗吧，我只要我的现在。"——最终女孩痛定思痛，当机立断与他分手了。

男人总以为自己是社会动物，像大猩猩一样私下里给双方做了分工，然后期待他爱的女人不仅要服从他的安排，还要支持他的分工方式，并且要甘之如饴地接受他分配的任务。

这些号称喜欢贤妻良母又自以为很努力、很靠谱的男人，如果他在外面忙，他希望你不要打搅他，更不要给他找麻烦；如果他在外面受了挫折，他希望见到你时，即使他什么都不说也能得到安慰；他每次都佯装镇静地走到你面前，要你一眼看穿他之后仍旧给他温暖的怀抱、温柔的抚慰。

在男人眼里，老婆就是一个能使双方利益最大化的合作伙伴。这个合作伙伴要上得厅堂，下得厨房；要只知付出，不计回报；要像妈妈一样无私地对待他，但是很多私密的心思和情感他无法和妈妈交流，所以他需要一个像妈妈一样的妻子——这就是贤妻良母。

男人在 18 岁之前，会努力猜测女人的心思，为对方的一个愁容一个笑脸坐立不安、思忖良久；等他们想结婚的时候，或者结婚之后，他们已经把所有追女孩的热情提前预支了，他们的观念彻底改变了：与其花这么多心思去研究一个女人，还不如带 300 块钱出门——你懂的。

> 如果有一个女孩，站在桌子上指着我的鼻子，把我给她的钱当面撕得粉碎，然后愤愤地跳下桌子，不屑一顾地摔门而去——这种女孩对我来说才有吸引力。

·好男人也有坏冲动·

号称喜欢贤妻良母的男人，无论他身价几何，尊容怎样，在号称自己喜欢贤妻良母的同时，已经跟自己打起架来。

他们既想有安定的生活，又被自己骨子里许多令人不齿的念头所控制；既想和一个人白头到老，又忍不住觉得太多母性的女人无法激起自己的怜惜之心，无法让自己"疼痛"；既压抑不住自己做小人成为坏孩子的愿望，又期待自己无论如何变化，在女人眼里也是"可爱多"。

而且，在男人灵魂深处的隐秘战争中，经常邪恶占据上风。

有一位前同事，很八婆地讲述了她的一段经历。她曾经和一个客户，搭乘同一班机回北京，该客户是国内某家金融机构的高管，两人一同乘飞机大眼瞪小眼也不是个事，只好聊天。客户说，当年该金融机构香港公司是他一手操办起来的。前同事惊叹之余纯粹出于客套和礼貌，她违心地赞美这位 50 多岁的大叔看上去顶多 40 岁。于是两个人一路相谈甚欢。下飞机后乘大巴又聊了一路，等他下车的时候，他问："我一个人在家，你愿意到楼上坐坐吗？"

前同事把原本没心没肺的笑容赶紧收起，连忙摆手拒绝——从此以后，她再不敢随便夸男人年轻、有风度之类了。

可见，前一分钟还以世上最品行端正的楷模自居的男人，下一分钟，脑子里已经充满了黄、赌、毒和脏、乱、差——而且，他控制不住自己，因为他的灵魂里藏着一个魔鬼。

另一个女友说起当年某个让她惊悚的男人。

她大学刚毕业的时候，认识一位貌似对她有兴趣的男人。那时他年纪轻轻，已号称是某报社的记者部主任。他说他喜欢贤妻良母型的女人，而她具有这种潜质。两个人聊天，他先是夸夸其谈地说了自己的性格特征，如何负责，如何勇敢，如何聪明，等等。然后，他忽然话锋一转，冷不丁地问道："你对波伏娃和萨特的爱情怎么看？——我希望自己有幸拥有那样一份纯洁而深刻的感情。"

他说的时候她压抑住恶心，使劲地憋住气，心里不停地在骂：纯洁个鬼，深刻个六啊？不就是两个人保持性关系而不谈婚论嫁吗？如果说得恶俗一些，就是免费打炮，绝不纠缠。扯那么多虎皮拉那么多大旗干吗？

那时候年轻，所以她反应过激，直接逃跑，年岁大了之后她才发现，其实好多男人，都会用不同的方式来玩这个一成不变的伎俩。

可能所有号称喜欢贤妻良母的男人都是如此，区别在于他是赤裸裸地跟你说明白，还是自己偷偷做了没有让人知道；或者他对自己的老婆这样做，对不是老婆的女人那样做。

一次在某公司举办的客户答谢酒会上，有一个女子直接指着一个道貌岸然、干净谨慎、面带微笑的男人说："你看他装得那么一本正经吧，跟你说，就是他怂恿我老公去酒吧泡那个大胸妹的。"

一个女友和别的女友八卦男人们的私房事儿。其中有一个男人瞒着老婆做的事儿引发所有人的感慨："他啊，真是看不出来啊，口味真奇特啊！我还以为他有那样的老婆非常知足，非常幸福呢！"

这个男人和妻子是大学同学，两个人在一起从郎才女貌变成事业上的伙伴、生活中的伴侣，很多见过他们的人都会赞叹："你们俩是兄妹吗？长得太像了！"

他总是充满温情地说："是啊，几十年同呼吸共命运，当然会像啊！"别的男人眼中的他，应该是好男人的典范，事业有成，妻子贤惠端庄，还有一个儿子，也算是省心，前两年将自己的中型公司交给职业团队打理，不仅不用操心，反而能颐养天年。

可是最近，他热衷于在酒吧里泡妞，而且他追求的女孩一定是 25 岁以下，高而瘦，短头发，会抽烟，懂音乐的；而且他喜欢女孩懂的音乐不是钢琴或者小提琴，而是吉他、贝斯等"有叛逆感""自由感"的音乐。

他说他就是迷恋这种没心没肺的女孩那种不顾一切的破坏力。

看看，年轻时男人追求所谓的安全感；等到年岁大了，在安全的环境里待得腻烦了，也许就会转过身去，追求让他觉得刺激的东西。

这个男人在家被老婆伺候得太好了，舒服得有些腻了，每个周末都去给那个 23 岁的小摇滚女青年送花，请整个乐队吃饭。他逗他们开心，他们也逗他开心。

还有一个 50 岁的老男人，90 年代中期开始做房地产，尽管那时候没有抓住机会扩大规模，也没有进行土地储备，从曾经的风生水起到现在的默默无闻，也算点儿背，但是手里确实有点钱。10 多年前离婚了，有个快 20

岁的女儿不太往来。现在孤身一人，难免成为很多女人的猎物。他身边不乏各类女人萦绕，甚至据说某个主持人一度在夜里 12 点打车到他家陪他坐而论道，但是他从没想过再找个女人好好过日子。问其原因，他说，在他面前的女人都差不多，没几个能让他服气的。

然后他私下跟一个关系好的哥们说，当一个男人有点钱，想跟他过日子的女人一抓就是一大把；相反，"如果有一个女孩，站在桌子上指着我的鼻子，把我给她的钱当面撕得粉碎，然后愤愤地跳下桌子，不屑一顾地摔门而去——这种女孩对我来说才有吸引力"。

男人并不是你想象的那样——无论他看上去多像你想象的样子。

一个朋友的朋友的朋友，开情趣用品商店，他传出来的消息是，那些买铁链、棉绳的男人，看上去都很温柔，面带善意，而且有一些，看他们的穿着，感觉还算是有品位的人。

还有一位男士透露，他们公司某位老总的电脑经常出问题，让他修，他发现，那个男人经常浏览国外的网站，而且浏览记录里有很多女同性恋的索引记录。

当然，不能据此判断这个世界太可怕，男人都是饿狼；也并不能说男人都在欺骗女人或者欺骗世界。

其实男人也很无辜，很多时候他们并不知道自己是怎么回事，他们不是没有灵魂，而是他们身体里有两个灵魂，一个是天使，一个是魔鬼。他提供足够的场所和条件让两个灵魂打架，至于他是什么样的，得先让两个灵魂打完了再说——也就是说两个相悖的灵魂轮换着占有他、指挥他。

大多数情况下，在社会生活中，因为他必须战胜别的男人，或者跟别的男人、跟这个世界达成和解并进行合作，所以，那个靠谱、本分、看上去正常的灵魂必须承担起工作任务。

当他独处、开始面对一个女人——或者面对自己的时候，那个歇了好久的"坏孩子"的灵魂就接班了。他变得异想天开，变得不负责任，渴望追求奇特的快感——对自己平时未曾探寻、不敢尝试的东西充满好奇和挑战的欲望。

> 男人想拥有稳固的家庭，最简单的办法就是：找一个贤妻良母型的女人——就像动物世界中，不少雄性动物要挑选最有生育能力的雌性动物一样。

·男人会千方百计猎取贤妻良母·

无论真实心理怎么样，但在能见的范围内，男人还是会面带微笑，端庄而郑重地聊关于贤妻良母的话题，以及他所期待的生活方式。

这或许是所有雄性动物的本能：他们不仅要传播自己的种子，传续自己的基因，还希望创造一些条件，让这些基因能顺利、稳妥地扎根。

男人想拥有稳固的家庭，最简单的办法就是：找一个贤妻良母型的女人——就像动物世界中，不少雄性动物要挑选最有生育能力的雌性动物一样。母爱是本能，最有生育能力的雌性很可能具备足够的体力和能力去养育他们的后代。

有一个女孩和男朋友回家，准婆婆对她的第一评价就是：不错，人高马大屁股厚，生儿下地都不愁——老人家说话最简单，也最直白。

寻找贤妻良母型的女人或许是男人的本能需要，在找寻目标猎物的过程中，大部分男人还是会有技术、有策略地表达他们的心情、心思、心理以及心愿的。

当男人准备考验某个女人是否具有贤妻良母的潜质或者是否具备转换角色的可能时，惯用的一招就是聊天。

尤其是所谓的成功男人，比如有车有房没爹没娘，开着一个百十人的公司，也有女员工乐于穿低胸装勤跑办公室，这样的男人在办公室里会装得一本正经，背后则会八卦这些春光荡漾的女生，只是这些女生进得了他们的办公室，却未必进得了他们的心里。

男人在对一个女人进行过一段时间的观察，有一定了解，甚至玩过一番暧昧之后，聊天时一定会倾心、坦诚，顺便伴随着忧伤、委屈、羞愧等情绪。他会和女人娓娓而谈，讲自己的过去，讲到动情处，甚至忍不住失控。落泪了，还要故意抬起头或者转过脸去掩饰一下，跟身边正在聆听的女人说：不好意思，失态了。

如果这个女人淡淡的，冷冷的，或者她的反应不是他期待的那种，那么这事儿就算完了。倘若他身边的女人，恰好就是一只心地善良的羔羊，或者有所准备的母狐狸，顺手拍拍他的背，把他的脑袋抱着埋进自己的胸口，轻轻地抚摸他的头发——这一单生意大抵就做成了。至于明天早上起来是怎么样的，出于厚道，不便做具体的预测。

有一个以知性著称的姐妹，恰好大胸，她从 25 岁开始就经常有这种遭遇。本来男人是约她吃饭的，可是饭还没吃完，男人已经聊天聊得想哭或者已经哭了。

先是一个对她有意思的男同事，用了这招；然后是她的顶头上司，用的也是这招；后来是她的客户，用的还是这招；再后来，连她的老板也对她这样。如果硬要找出点不同来，那就是，饭局的规格越来越高了，男同事请的是四川火锅，老板请的是鱼翅捞饭。最后，她忍不住问姐妹们：为什么呢？难道我就这么像妈妈吗？一定要用温柔的双手抚摸他们闷骚的小心脏？

大家的答复是：第一，他们当你是奶牛呢，看着你就知道他们的子孙有奶吃；第二，那是你性格所致，如果你跟林妹妹一样小心眼、太敏感，就不信他们敢对你倾诉。

很多号称喜欢贤妻良母的男人在泡妞（冠冕堂皇的术语叫"寻觅伴侣"）的时候，经常会打这种"妈妈牌"，而他们思维的逻辑，或者设计的基本套路是：

首先，他会说他的母亲对他影响很大，然后引出一个话题，母亲还做了哪些事情让他印象很深刻，收益良多，以此推出他的结论：他期待他的生命中出现具有这种气质、能力或者感觉的女人。

这个时候，已经有一部分女人中招了，很多女人甚至暗自庆幸，自己竟然和他妈妈相似——那自己真是上天派来拯救他的人啊！

当然，话题远远没有终结，接下来，他可能会"不经意"地说说自己的成功，起码说说自己的成绩，算是亮出筹码了。当然，他不会说得那么赤裸裸，除非是 8 分钟相亲会。

他很可能说："我今天所有的成就都是妈妈给的；没有妈妈，就没今天的我，就没我的克莱斯勒和某某小区的房子……"如果这个筹码有吸引力，也就是说如果确实有女人对他的筹码感兴趣，他会继续这个话题：现在妈妈年纪大了，最大的愿望就是能抱上孙子，她已经给孙子打好了金手镯——然后男人眼里泛着向往的光芒看着你。

或者更煽情地说，妈妈走的时候，最大的遗憾就是没有抱上孙子——然后这个男人哽咽了，不得不低下头平复自己的情绪。只见他喉结蠕动，然后抬起头来，要么是端过酒杯、水杯缓和气氛，要么就问："你呢，还单身？家里不着急啊？"——于是，切入主题。

这是正常的路数，确实有不少男女在这种套路中速配成功；但是既然有正常的路数，自然还会有升级版。

有一位好友跟一个中年男人交往过，她大学刚毕业的时候他已经39岁。当年的她思想还没那么复杂，管这个男人叫"大叔"，也因此混吃混喝了一阵子。大叔估计也空虚寂寞，跟这位女友甚是亲密，但还真的把她当侄女看待。"侄女"也因此在大叔身边，接受了小小的成长洗礼。

据说大叔身家过亿，在大兴买了一个小户型的别墅，常以成功人士自居。他的路数比较清晰。

他终生都在寻求一个"灵魂的港湾"，经常跟别人讲述自己的母亲。讲着讲着就兴高采烈起来，说到母亲至今仍为他骄傲时，会忽然沉浸到那些激动人心的情节中。

接着，他会忍不住讲述很多遗憾，比如他上高中的时候，母亲步行十几公里来看他，但是他当时觉得母亲风尘仆仆的形象很给他丢脸，所以根本不愿意出来见她，至今仍旧愧悔不已；为此他甚至会情不自禁地流下眼泪。

哭完了，他又忍不住想起很多让他无法忘怀的事——也就是传说中那些童年的阴影和青春的伤痕，粗心的母亲不知道用他期待的方式关心他，所以给他带来的心理阴影至今犹在。

最让人难以接受的是，他一边非常怀念和感恩母亲的怀抱，一边又觉得母亲肥胖的身材和硕大的胸脯给他带来很多困扰，让他在童年和青春期都成为别人取笑的对象。

这让身边的倾听者深切感受到他灵魂深处的矛盾。这还不算，最后，他一定会画龙点睛地总结道：所有的感觉其实都是自己的错。他至今仍旧最爱妈妈。如果遇到像妈妈一样的女人，一定不让她伤心失望。

男人是种什么动物

果然有不少女人上当了——其中一部分不只是因为被他的这些表演所迷惑，还因为当时他们正好在五星级宾馆的餐厅吃饭，楼上就是客房。

后来，某一个和他一起吃饭的女人，正好认识另一个已经和他吃过饭、听过他这么一大段台词的女人。她不仅听说过他擅长这样的独幕剧，并且基本上知道他如何把台词背得滴水不漏。听他讲述完毕，她略有心动，但是压抑住自己的母性冲动，问："这么多年，难道就没有遇到一个期待中的女人？"

他说："遇到很多，总差那么点儿意思。"

"是因为没有妈妈年龄大吗？"

"不是，是……我总觉得她们……这么说吧，其实我希望我的爱人一定要保守。"

"侄女"看多了他的表演之后，不无惊诧地总结：原来他每次都用这种招数打动女人，让女人觉得自己应该跟他过一辈子。其实每当女人想跟他过一辈子的时候，他想的是怎样和这个女人整成一床被子。等到天亮的时候，不仅是他，连对方都觉得，昨天晚上一定是喝多了。

据说，这位老人家至今仍旧单身，有人总结出他的期待与喜好，结论是：他仍旧需要一个散发着母性光辉的女人，又希望这个女人比较消瘦，最好穿上衣服看上去是平胸，脱了衣服则性感十足。而且她的表情一定要冷若冰霜，对他的招数无动于衷；每次都让他感觉自己能轻易打动她，到最后发现其实自己根本没成功——在结婚前，她不会跟他发生什么出格的事情，让他既心里痒痒又有足够多的好奇心继续追踪和探究。

只有这样的女人才能吸引他几次，甚至几年。

而这个女人——最后，嫁给了别人。

在这个"我的成功可以复制，也可以粘贴"的时代，很多赫赫有名的人物都不在乎对自己进行无法预知后果的包装，何况普通人乎？何况普通男人乎？还是网友凛冽，一针见血地总结出一条金科玉律：男人靠得住，母猪都上树。

·男人热衷于"装"的伎俩·

在电视里看到一个熟人，他在接受记者采访的时候，常把"像我们这样的公众人物"之类的句子挂在嘴边，所以大家都以"公众人物"直接作为他的名号。

这位"公众人物"从某地方权力机关出来后下海，出国几年，别人说他是在外面打工，但是他说自己出去是求学和创业去了。现在"学成归来"，经常衣冠楚楚地在电视里纵论天下，他曾经的女友嗤之以鼻地说："真能装啊！"

"公众人物"因为工作关系和这位女孩认识，之后对她穷追不舍，常在晚上10点后打电话给她，并多次暗示过她，他对她有好感，希望她能做他的女朋友。

有点阅历的女人大约都知道，当今时代，老男人以"交女朋友"的方式提出跟你交往，并不一定值得庆幸。因为在他们的概念里，女朋友可能是只陪床不付钱的伙伴。

这个女孩不到 20 岁就开始在江湖上摸爬滚打，至今已经有十余年的历练，尽管已进入剩女行列，但也不是兼容并蓄、海纳百川的主儿。对她来说，如果不是以结婚为目的的交往，那对方一定要出得起价；这个价不一定是钱，但是人品一定要靠谱。

令人遗憾的是，在这个世界上，男人们往往连恋爱的美好感觉都不愿意保留，很容易制造一些事端，让女人深感龃龉。比如，某一天打电话发现男友在别人的床上，或者被别的女人围追堵截在公司楼下、家门口、饭店门口。

话说这个接到橄榄枝的女孩。她最不屑的事情就是，不小心参与到群"雌"逐鹿的困局里，还为他人做嫁衣裳，弄得他好像香饽饽，而她好像黏上他一样——尽管这或许是男人意欲达到的效果。

于是她委托朋友打听一下这个男人的前世今生。果然不问不咋地，一问吐一地。

这个意欲勾搭她的"公众人物"，风流债一波未平，一波又起。"公众人物"在向她发起猛攻时，还有一个已谈婚论嫁又闹分手还没彻底分手的女朋友。之所以没分成，是因为那位前女友向他索要青春损失费，而男人坚定地认为：大家是谈恋爱，又不是包二奶，有什么青春损失一说？

这位大佬对媒体吹嘘的都是家庭如何幸福，其实早在 10 多年前就离婚了；又说自己多么有钱，但是据他的前女友说，连送她的求婚戒指都是赝品。

原来，她曾收到一枚 2 克拉的钻石戒指，装在一个名贵的盒子里。有一天，她忽然心血来潮，想去问问那颗钻石到底值多少钱。

这位前女友本来想证明"公众人物"很爱她——不是说了吗？男人对女人的爱，和愿意为她花的钱成正比。她本是一脸得意，准备炫耀一番的，她将钻石戴在手指上，跑去店里问，结果店员看了一眼，非常平静地说："小姐，您这个戒指不是我们的款。"

前女友不死心："会不会是没上市的新款？"

店员说："不会，所有的新款我们都有预报。"

"会不会是几年前的旧款？"她心存侥幸地想，即使是他买给老婆没机会送出的，只要是真的，她也认了。当然，最终她这样的期待还是落空。

这位前女友面临着一个不小的抉择：是找他质问呢，还是当作不知道，伪装成一个幸福的人呢？

后来有一次在他深情款款、如胶似漆、许下无数甜蜜诺言的时候，前女友终于绷不住了，问道："你给我的戒指是不是假的？"

"公众人物"开始还否认。在女友的追问下，只好用另外一种方式自卫："只要我们的感情真，钻石，你真的这么在意吗？——而且钻石的主要成分是碳，和煤球差不多，烧一把火就没有了；据科学家说，在外星球已经发现了无数钻石矿藏，不就是碳12嘛，到时候钻石比水晶还便宜，现在买一克拉的钱到时候能买一吨——要了有什么意思？"

女孩听了"公众人物"与前女友的故事，立刻在心灵深处将这个男人关进小黑屋，并且打上了"永世不得录用"的封条。朋友们取笑道："你也可以跟他混啊，说不定哪天给你一个5克拉的。"

女孩冷冷地说："我宁愿大家都白睡，那样到时候说起来如果他投入的感情不够真挚，我起码能一厢情愿地认为他曾经流的汗水是真挚的。"

在这个"我的成功可以复制，也可以粘贴"的时代，很多赫赫有名的人物都不在乎对自己进行无法预知后果的包装，何况普通人乎？何况普通男人乎？还是网友凛冽，一针见血地总结出一条金科玉律：男人靠得住，母猪都上树。

其实很多男人热衷于这种伎俩。

一个女性朋友曾经在某经济论坛上遇到一个世界500强公司的中高层管理人员。两个人暧昧了几天之后，男人要求她周一下午下班的时候记得给他打电话，她不明就里打了几次，结果电话那头甚是嘈杂，男人并没有什么话要跟她说，只是故作姿态地应付一番。后来该女孩才明白，这个虚荣的男人一直在制造一种假象，让人觉得他很有女人缘，很受欢迎，好让身边的女人对他好奇，身边的男人对他羡慕。

如果恰好有两个女人约他，他故作淡定地同时听两个电话，那么他会感觉自己是好大一个抢手货。

每个男人都有自己的包装方式，每种包装的背后总有一个千折百回的故事。

有一个复姓的女性朋友偶尔说起一段旧事。

大约5年前，她曾经意外遇到一位由别人介绍来的客户，洽谈类似于"高端""贵族""精英"之类的体育项目的合作。他对她的名字似乎很有兴趣，不停地刨根问底。当年的她很傻很天真，其实是很二很蠢，她总是忍不住和盘托出，"从实招来"。他感慨起来：你一定受过很好的教育（鬼知道，他何以通过一个名字就判断出此人受过什么教育！）——你的家庭是不是也曾经是国民党高干家庭呢？

听出端倪来了吧，他的关键词是"也"。

那时还没什么心眼的她带着一头雾水，对他的"也"果然表现出了浓厚的兴趣，很自然地问："你的家庭曾经是国民党高干家庭啊？"

他说："嗯，我奶奶，曾经是国民党高干的姨太太。"

OH MY LADY GAGA。

她既然是做与"高端""精英"之类虚头巴脑的词汇相关的工作，自然会有一些虚头巴脑的价值评判标准。

她再次仔细地审视了他一番——他的行头也成为这许多年来她每次想起都忍不住批判的对象。面前的他穿着一身西装，但是西装的颜色让人很容易联想起保险公司的业务员来。这或许是工作的需要，无可厚非，但糟糕的是，他西装里面衬衫领口的尺寸明显比他的实际尺寸大不少。好吧，如果很少有男人挑对衬衫，这样也可以谅解，但是能不能——把领口上的污渍洗掉？

其实原本这一切都是可以容忍的，她说："如果只是客户，我当你很忙；如果是朋友，可以当你是单身男人不会打理或者没空打理自己。可是，当这样的外在形象和'国民党高干家庭'这一关键词放进同一个拼盘里，我的小心情就变得刻薄而呆板：想象很丰满，现实很骨感，矛盾集中冲突，让人几近崩溃。"

就是那么个人，让她半个下午都沉溺在一种混乱的情绪里，一度觉得是不是应该改名更姓才不至于让人觉得她有某种特殊的家庭背景。

> 很多男人热衷于给自己贴标签，他们以为，贴上了某些标签就会属于某个人群——拥有这个人群的一些特征、资源或者财富，享受这一人群的待遇甚至特权。

·自欺欺人的标签困局·

俗话说：一个人炫耀什么，证明他缺少什么。扩而大之，也许可以这么说：存在于这个社会中的人炫耀什么，是因为这个社会需要什么。

在这个竞争激烈的社会，男人的生存压力很大，初出茅庐的男人，更渴望抓住一切机会——投资或者投机，但是总有一些人，即使不惜一切，最后也总要面对"恨爹不成刚"的事实，这时候他们难免会陷入一些"标签困局"。

很多男人热衷于给自己贴标签，他们以为，贴上了某些标签就会属于某个人群——拥有这个人群的一些特征、资源或者财富，享受这一人群的待遇甚至特权。但是，现实中，他们总是不小心陷入"标签陷阱"。

"国民党高干家庭"的标签尽管有，倒是不多见。我的某个同学的表妹，认识一个被她叫做"阿黄"的男朋友，一度号称自己是"大清正黄旗后裔"。据说某年大雪之后，她忽然心血来潮想去阿黄那边看看老城区的雪景，于是顺便打电话约了一下阿黄。结果接电话的是阿黄的妈妈，她说她的儿子可能出去上厕所了。"你等会儿吧，回头我让他给你打回去。"

后来，阿黄自嘲说："远的不用说，就是回到150年前，我如个厕还不得两个太监伺候着！"

同学的表妹一声叹息之后，决定接受骨感的现实，因为她始终喜欢阿黄的幽默。

表妹的前男友是一个海龟（"海归"的戏称）。海龟认识表妹是因为海龟要找工作，而表妹曾经和海龟一同参加面试。海龟2000年前后就出国读书了，花掉家里60万元，读的是英国一个据说很知名的学校。

海龟到底是海龟，还是有一番气派的，起码知道的服装品牌要多一些，而且最具诱惑力的是，还能说几句地道的伦敦腔。

海龟一边四处找工作，一边在闲暇时向表妹普及一些海外见闻，不开口则已，一开口基本上就是这样一副腔调："兄弟我在英国的时候……"让表妹误以为，在自己祖国四处碰壁的人，在国外过得一定是人模狗样虎虎生威的。加上海龟周末总喜欢带着表妹四处体验"英国经验"，表妹深以为这是个精英钻石海龟品质男。

表妹彼时已工作几年，所以也想办法帮海龟张罗工作的事情。她将海龟的简历推荐给一个师兄。师兄很给力地四处帮忙，最终，简历被退回了。

那个并没有排到世界500强的公司，经过几轮面试，几乎都谈好待遇了，最后竟然釜底抽薪，坚决拒海龟于门外。师兄转告表妹的话是：这位海龟不符合他们的要求。

表妹眼看偶像坍塌，自然是气不过的，找师兄理论。师兄原想息事宁人，奈何扛不住表妹较真，只好如实相告：海龟就读的学校在英国排名倒数前十。

倒数前十又如何？尽管表妹心有不甘，但是豪气还是瞬间短了不少。

师兄继续说："其实他并没有读完，因为，开学的名册上有他，但是毕业的名册上并没有他。"

表妹愣了一下，继续追问："你们这个职位不是说了并不看重教育背景的吗？"

师兄无语，是啊，不是很看重教育背景，但是，如果你出国玩了一年半回来，总不能说自己是学成归来吧？

后来，表妹也终于在海龟那里问出一些实话，原来，海龟在申请留学的时候，就是怕功课太过繁重，所以申请了一个容易读并且容易毕业的学校；但是到了那个学校之后才发现，食堂伙食还不如自己在国内就读的那个二类本科学校的伙食，住宿费却贵出很多——而且，尽管是在英国的某个大学读书，但是周围都是像他一样两眼一抹黑就被空投到大不列颠的中国有钱人的孩子。郁闷之下，海龟将父母给他备用的钱拿来做生意了，最后混个不赔不赚地回到故土，靠脑门上扣的一块"海龟"的章，准备打天下。

其实表妹对他的海龟身份并无任何微词，只是，无论他说什么总喜欢以"我们在英国"作为开场白时，表妹就忍不住想挤对他几句，而这位海龟就会很愤怒地鄙视她。

表妹说，她在意的不是对方的学历。本来这个时代博士为文盲打工已是常态，她再也找不到那种高山仰止的感觉。让她不爽的是他对自己虚假身份的宽容甚至炫耀。学历如果不能换回房子和一起喝汤时的开心，要学历又有何用呢？她最终离开他，只是因为，即使她不在乎他的学历换不回房子，但总不能连最起码的快乐——比如英式幽默也不给她吧？

据说分手后不到半年，海龟还给表妹打电话说，已经在一家互联网相关企业落下脚来。她前段时间参加某个高峰论坛，还在来宾席上看到他的名字。

　　每到此时，表妹的一个闺蜜不知是为了让她宽心，还是为了让她开心，送她一句："好在，他还没说自己是博士。"如果你洋洋得意地介绍自己的男朋友是留洋博士，最后被证明是某些成功人士的西太校友，还是会有一些面子上的压力的。

> 因为她的诸多表现太像个老妈了，这让他不敢多跟她说年少时候惹下的祸端、犯下的错误，生怕每次她都为他准备好怀抱、包扎伤口、方法指引和道德说教。

·男人都想当有人爱的坏孩子·

男人骨子里都是"坏孩子"，他们希望女人们不仅不在乎他们"坏"过，还应觉得自己那些"坏"的经历和故事是他们的骄傲，是他们逝去岁月里最开心的记忆。

不少男人毕生都在寻找这样一个女人：对"坏孩子"有爱心和处置能力，能够包容、欣赏他们的"坏"。

有一位异性好友，曾经是某房地产商的助理，现在已转行自己做了老板，和别人一同经营一个房地产服务公司，俨然一副精英人士的派头。他最喜欢炫耀的是他作为"乡下孩子"时的那段成长经历，并且常常强调自己是"典型凤凰男"：在农村长大，历经千辛万苦考上大学杀进城市，然后在城市里顽强地生存下来并大有发展。

当然，表面上看，他的经历确实如此。他 12 岁之前一直在大别山深处生活，住所半公里以外就是农田。他 7 岁开始上学，小学毕业后上中学，中学毕业后考上大学，大学毕业后留在北京，成为别人眼中的"成功人士"。

他经常讲述自己"在乡下时"的故事。

他说，如果追野兔子，不能从山下往山上追，因为兔子后腿长，往上爬是它的强项，人的体力跟不上；他发现这个规律之后，每次都是从山上往山下追，好几次都抓到了兔子。

他们曾经去偷老乡的西瓜，没想到老乡还养了一只看瓜狗，几个十多岁的半大小子被狗追得到处跑，最终被困在一处矮墙边，在无处可逃的情况下，人和狗进行了一场大战，结果，几棍子下去，狗倒地毙命。第二天，老乡抬着狗的尸体去部队的政治部讨要说法，他们生怕被生气的家长逮住挨一顿恶揍，在外面躲了两天不敢回来。

每次讲的时候他都兴高采烈，能够感觉出他大脑中像在放电影一样回放他那些经历，而他似乎一下子回到了远去的从前。

其实他不是真正的"凤凰男"。他的父母是军队干部，在三线建设的时候来到大别山腹地，一直到 80 年代初才返回北京，所以他的少年时光都是在大山深处度过的。

他从不和他第一任老婆讲这些，因为她根本不理解他为什么对这些陈谷子烂芝麻之类的事情念念不忘，并且经常提醒他："今天你不是说要去见某某的吗？文件整理完了吗？这么早就回来了？"或者——该出门了。结果都让他很索然。

他也不太和第二任老婆说这些，因为她每次都说："呀，好野蛮；呀，你们好残忍。"原本的兴高采烈转眼间变成一次道德审判，他不得不在这个女人面前，为自己曾经的淘气、顽皮、残忍、不懂事，进行忏悔。

可是女人们并不明白，那是他最快乐的时光，最有滋味的记忆，最值得回味的人生片断。因为从懂事时起，他们就必须承担起家庭和社会的责任，必须赚钱、必须成功、绝对不能玩物丧志，他就这样无可奈何地被功名利禄绑架了，这些"必须"压在他身上，年纪越大，负重越多。而那些难得的狂野、轻松、无忧无虑和任性妄为是他获取心灵自由的唯一途径——哪怕是通过不断反刍的方式。

把自己包装成坏孩子，以及兜售当坏孩子的经历不仅是他的兴趣，甚至成为他的工具。他经常会和那些一同从大山深处来到北京的人说这些陈年旧事。20多年过去了，他们都驶入属于自己的生活轨道，有着不同的生活内容和生活状态，他们平时不常往来，甚至渐渐疏远，只有这些共同的回忆能拉近他们彼此之间的距离。

有一次他想拜托一个多年没联系，同样有三线大院生活经历的人办一件要紧事，吃饭的时候两个原本不相干的人找到一个共同话题：谈论偷鸡打狗的往事。最后果然，他的话题勾起对方关于少年生活的记忆，两个人相见恨晚，事情办得很顺利不说——他们从此的交往也日益密切了。

坏孩子不只一种，每个男人在成长的过程中都有做坏孩子的经历。

曾经认识一个二流画家，当时他的理想是"40岁成为名画家"。现在已很少联系，如今的他可能快有40岁了吧，但不知他的愿望是否实现。他曾讲到自己当年上艺术学校的时候和别人拼啤酒，拼高了直接用啤酒瓶打起群架。说到这个话题的时候，整个茶馆只能听到他的声音，只有他最开心，也最有场景感，引来其他茶友的侧目和反感。

那是他的年少时光，或许是一生中最疯狂的经历——可能是经过夸大的疯狂，也可能是别人的疯狂，改一下关键词，安在自己头上。但是这都不重要，重要的是他热爱记忆中或者幻想中那个疯狂的自己，那是无拘无束的自己，也袒露了他平时掩埋，偶尔拿出来晾晒的内心世界。

有的女人私下里觉得他太鲁莽，简直是流氓做派，以至于渐渐不再参加跟他有关的聚会；而另外一个女孩不知为何特别迷恋他为了喜欢的女孩而与人争斗的故事，甚至认定，像他这样敢爱敢恨、无所畏惧的男人才是真正的男人。

后来她成为他的女朋友，面对他人的质疑，她竟然很坦白地说，她喜欢的男人就应该浑身上下充满雄性荷尔蒙的气息。

另一位女性好友可能就没这样的鉴赏力。她去相亲，回来的时候非常郁闷。问她原因，原来，那个相亲对象已经 36 岁了，而且她之所以见他，是因为在跟他聊天的过程中发现，他一度与中国互联网行业的先驱近距离接触，见证了中国互联网行业风起云涌的 10 年，就算不是数字英雄，也是数字英雄身边的人。结果见面时，他却聊起了自己 13 岁被很多女孩子追求，20 岁在初恋女友的宿舍楼下等了 3 天 3 夜，26 岁时挎一个背包，去另一个城市见一个女网友的事情。

尽管他的工作还算稳定，从事的行业也算是有前途，可是，他却说自己热爱数学，一直想写与数学有关的科幻小说，每每说起自己那些记忆与幻想，他总是神采奕奕，兴奋不已。尽管这个男人高大帅气，收入不菲，表面上很诚恳，对她也算满意，但是她总觉得他随时会异想天开，让她无法找到托付终生的安全感。

熟悉的好友给她的意见是：每个男人都会有自己的小秘密，你的目的是找一个条件还可以，人品还行的人结婚，两个人分享一张床，别的，求同存异吧。那些你觉得实在不像男人所为的过往，如果你无法欣然接受，那就置若罔闻或者视而不见。

女友挣扎了很久，鼓起勇气尝试了若干次，最终还是放弃了。她说："我接受不了一个男人如此不成熟、不自知，又觉得自己是可爱多的状态。"

在情感，尤其是婚姻问题上，每个人都是天生的利己主义者，都希望找到一个最利于自己的搭档。那个人最好是万能的超人，不仅能够接受和欣赏自己所有的性格特征，最好连那些小阴暗、小无助都能包容；如果能够化腐朽为神奇，那就更完美了。

男人沉溺于自己当坏孩子时的经历，甚至不惜一切手段想把自己包装成"坏孩子"。他兜售了一圈，想展示的无非是自认为"真善美"的经历、心情或者性格，但是在社会的丛林中，有几个女人在第一次见面时，就愿意全盘接受对方兜售的"真善美"呢？

很多时候，男人总是带着自己狂热的期盼出现。女人为了不伤害男人，或者为了表现一下自己的母性特质，就耐着性子聆听。结果男人就误读了这种带有偏差的两性信息，一厢情愿地觉得对方是一个好的倾听者，一个有母性光辉的女人，或者一个有共同语言的人，然后他真的有心情说出那些有关"真善美"的话来。

某持币待购的大龄离婚男人最近忙于相亲，每每说到自己的成长经历都会说上那么一段，而且故意说到20分钟以上。

于是那只曾被他们围追堵截过的兔子，伴随着他的回忆又被捕杀了许多次。

据说，有一个女人的反应比较符合他的期待。她跟他聊天，听他热烈地讲述少年经历，她淡淡地微笑，关键的时刻问一句："后来有没有伤到自己？"他忽然觉得心灵深处有一股泉水一般的暖流汩汩涌动。

但是后来，好像又不了了之，因为她的诸多表现太像个老妈了，这让他不敢多跟她说年少时候惹下的祸端、犯下的错误，生怕每次她都为他准备好怀抱、包扎伤口、方法指引和道德说教。这样的女人还是做知己好一些，他说。

看来男人在装成可爱多的时候，他需要的女人固然要有神仙姐姐一般超人的特质，但又不能真的成为超人，让他觉得自己随时随地都被困在女人的布局里。

有一位女朋友讲起初恋，眼神里常充满了异常的愤懑。

那是可以写诗装蒜的年代，她的小男朋友，给她写来的信上特别加了一段抄得很工整的话，有了百度之后她才知道这段话出自台湾一位女作家之手。

"……看出真正的他不过是个孩子——好孩子或坏孩子——所以疼了他。"

可以说所有的男人都有这样的情结，比较悲剧的是，有一部分女人生来具有这种情怀，早早地就被别的男人娶回家了；一部分女人在长期的情感成长过程中生成或者被培训出这种情怀和能力，然后她将这种所谓的母爱播撒给了别人；而在婚姻市场上，那些大龄而单身的优秀女孩，她们一直在社会上摸爬滚打，和男人一样拼杀，在选择结婚对象时，她们一直在等待的是一个稳重、成熟、帅气、有钱还要明白自己心思的男人，这个男人尤其不能号称自己是一个孩子——无论是好孩子还是坏孩子。

所以，很多男人在传递"我要找对象，我想结婚"的信息的时候，往往不小心把信息发送成"我要有人爱我，疼我，宠我，满足我的需要，支持我的作为，觉得我不成熟的缺点也是可爱的"。那一刻他是开怀的，放心的，甚至觉得自己敞开了心扉。

而作为接收器的女人，装的是另一套系统。

当一个女人见一个男人，为了确保自己生活稳定，为了说服自己选择一个男人要比单身更好，她需要跟他讨论人生、婚姻与死亡的话题。

很多时候，女人还没见面已经根据男人传递出的信息，联想到她平时不会想，但是又不得不想的问题：生了孩子半夜谁起来换尿布？老了的时候谁为谁推轮椅？辛辛苦苦打下的江山，日后是否会落入别人手中？

所以，女人非常希望男人表现得成熟、稳重、得体。他可以稍微留点小秘密让女人有好奇心，但是又不能故弄玄虚，让女人觉得自己面对的是一个黑洞或者巫师。

一个35岁的私营业主，据说2年内已赚了500多万，和一个想与他谈婚论嫁的女人聊天，只聊了半个下午就没下文了，因为他说："我最喜欢吃鸡头了！小时候每次我妈妈都会一锅子煮上几十个，让我抱着锅子吃一下午……我也不知道为什么喜欢，就是觉得好吃，很爱吃……"

一位36岁的项目经理说："有机会我带你去看看我的房间，到处都是我收集的玩具，很多都是从日本和韩国托人带来的限量版……"结果，那位他觉得可以引为同路人的准伴侣，在表示了她的礼貌性的惊讶之后，号称去了几次，始终没有参观他那个满是宝贝的房间。

还有另一位喜欢漫画、小人书的男人，拿自己心爱的小人书送人，再次拜访的时候，发现对方根本就没拆封……

这些男人或许觉得这就是他想给准爱人传递的信息，却不知道，那些已经在社会的风浪中漂泊了很久，曾经沧海的女人，即使在那一刻装出宽厚、宽容、热情的模样，事后也难免会对此类问题揣测，质疑。女人的想象力运用到生活中最巅峰的表现是：她从一个男人钟爱一件玩具可以想到这个男人很可能对养家、生孩子之类需要担负责任的事情没有兴趣。

有一位女性朋友多次拒绝见一位对她一往情深的男人，因为那个男人酷爱打游戏。对于打游戏，这位女友的观点是："喜欢无所谓，很喜欢也可以接受，又不是什么优良品质，不要喜欢了还刻意标榜，行吗？"

女人的幼稚病偶尔还能显出可爱来，男人的幼稚病，那就真是"病"了。

这或许是很多男人感慨好女人少的原因，同样也可能是很多优秀的单身女人，一直耗到大龄仍旧单身的原因。

男人即使到老死，都会有男孩的心理、男孩的心态或者男孩的心思。所以，女网友眼里的优质男人是：和大人在一起像大人，和孩子在一起像孩子，和狗在一起像狗。

·永远不会老去的男孩梦想·

"青春如同奔流的江河一去不回，来不及道别。只剩下麻木的我，没有了当年的热血。"

"当初的愿望实现了吗，事到如今只好祭奠吗？"

网络电影《老男孩》里面，就有两个"老男孩"相伴去追寻年少时的梦想，追忆一次过往。现实生活平淡无奇，但是过往和梦想都激情四射。片子不长，结果弄得好多趴在网上的老男孩们都感动得稀里哗啦，说能从电影中找到自己的影子。

男人即使到老死，都会有男孩的心理、男孩的心态或者男孩的心思。所以，女网友眼里的优质男人是：和大人在一起像大人，和孩子在一起像孩子，和狗在一起像狗。

现实太骨感，男人需要丰满的梦想来点缀人生。

老男孩的主要表现为迷恋自己的鲁莽、幼稚、无知，希望全世界，包括身边的女人宽容地接纳他的一切不成熟和不负责任，还要打心眼里认为他是可爱多。

此外，男人热衷于诉说自己的梦想，期待有人分享他的梦想。

男人和男人喜欢在一起晒梦想。

如果一个男人能找到另一个或者另一群男人一起晒梦想，他们称这种事情为"妻子难言之事"，并且互相信赖，互相引为知己，一起在意念中去幻想，或者在思绪中去追忆。

冯小刚就明白这个道理，所以他让男人为实现梦想而努力，并且为自己的梦想买单。在电影《甲方乙方》里，他让一群人整了一个"好梦一日游"公司，简称"梦游"。

还记得英达饰演的巴顿将军吗？

既嗜血又文雅，既霸道又民主，既爱兵如子又粗鲁冷酷，既讲究战略战术又轻率自负。

其实很多男人觉得自己骨子里有巴顿的影子，但是他们自打小时候玩过扛着树枝当战旗的游戏之后，就再没有机会去体味自己的梦想，更别说什么兑现了。而有一些男人，因为是成功人士，他们的梦想，甚至梦话，就成为一种想象力，一种创新精神，一种头脑风暴，令他们显得更加可爱起来。

据马云身边的人说，马云常和朋友们一起做梦。他的梦想千奇百怪，有一次，忽然梦想着自己有了绝世武功，像风清扬那样，手里有根稻草，只要一发功，稻草立刻变成利刃，穿过一棵直径一尺有余的大树，等他一收势，稻草两端忽然就垂下来。来往的人如果发现，就会充满好奇地围着大树上下左右地打量、猜想："咦，稻草是怎么穿过大树的？"

好吧，马云是成功人士，他能够将自己的商业梦想付诸实践；他也可以为自己的武侠梦想找点乐子。所以，做梦是一种消遣，马云可以用商业技巧去实现自己部分的武侠梦。

英达在《甲方乙方》里玩了一场戏中戏，终于代表很多男人圆了变身巴顿的美梦；但是大部分男人，在没有世界杯的日子里，在 NBA 休赛的日子里，在柴米油盐之间，需要找个途径去释放过剩的荷尔蒙。

《激情燃烧的岁月》中，石光荣解甲归田后，仍旧保留着自己的地图室，似乎时刻准备着打一场重要的战役。当然，和平时期，娱乐时代，石光荣固然是落伍了，可是生活中的确有人难舍旧梦。

女人常做的事情，就是将男人从梦想世界活生生地拽回现实中来，因为摇摆在梦想和现实之间的男人，让女人感觉未来荆棘丛生。

有一个女朋友聊起自己的老公，存款达到 200 万的时候，他就开始胡思乱想，工作不努力，也不喜欢锻炼身体，整日只知异想天开，甚至周末还要飞回老家去考察土地。

原来他的期盼是，拥有一个大大的庄园，庄园里养好多纯种马。所以他尽管坐在客厅，心却已经飞到他的那个理想庄园，那个理想庄园里的一切都和现实世界不一样，女人也一定不一样。

他说："老婆，你要优雅地生活在庄园里。"

说此话时，男人在看电视，女人在收拾桌子。

女人说："那么，到时候，你能帮我洗碗吗？"

男人说："到了那个时候，我就不用你洗碗了！"然后男人看看女人——"不过你现在就老成这样，到了那个时候，你怎么能看上去像个贵妇人呢？要不我花钱雇一个贵妇人吧？"

好在他们是一起生活了许久的夫妻，这是他们的私房话，女人从来都是姑妄听之，一笑置之。

> 当男人描述梦想以吸引女人，或者编织一个梦想让女人开心的时候，梦想其实是一个期货，而他手中的现金却未必充裕。

·他总是用梦想来诱捕女人·

有一个女孩交了个男朋友，开始的时候还比较正常，比如带她去一些可以吃自助龙虾的地方吃饭，去国家大剧院看两个人都看不懂却都能感到亢奋的歌剧。

但是，当该男发现女朋友酷爱高科技的东西，具有发达的幻想神经时，竟情不自禁地跟她聊起了星球大战。他说他觉得自己就像星球大战里的某某某，可以用什么样的机关枪，驾驶什么样的宇宙飞船，率领怎样的银河舰队，为保卫一个如何华丽的星球家园进行战斗。

聊得正起劲，看到女友的表情没有想象中的钦佩、赞赏与崇敬，于是他调转话题：是啊，目前的科技水平还跟不上我的想法，所以我又想做一个科幻作家，把我这么多的想法告诉更多的人，让他们和我一起幻想并且参与这种星球大战。我曾经还组织过一个银河战队俱乐部，大家都很有兴趣，都等着看我写的书呢——不过，那大概是 20 年前的事情了。

女孩和男人见过一次面之后就开始怀疑自己是低智商动物了，但是后来她遇到另一个爱"做梦"的男人，终于对这个"银河舰队统帅"多了一些感激。

话说在一个工作场合，这个女孩遇到一个仪表堂堂的男人。经女孩妈妈的同事撮合，这个仪表堂堂的王老五也对这位老大难姑娘有兴趣。进行到第三次无关痛痒的约会的时候，男人开始说到自己的工作、生活——更重要的内容是财产。

男人说，他目前赚的钱不多，主要靠父亲的朋友们帮忙，一年也就千把万的收入，目前还没买别墅，只在北五环一个均价5万的社区买了两套门对门的公寓，这样和父母之间既可以相互照顾，又不容易产生矛盾。

自从被"银河舰队统帅"刺激过后，女孩就有了强大的抗雷劈能力，回到家之后想想，觉得这么大的馅饼掉到自己头上的几率实在是不够大，然后就找了个理由给男人打了个电话：

"我几个姐妹想见见你，顺便想去你家玩。"

"好啊，随时！"男人答应得倒是很爽快。

可是，接下来的三个月里，无论是周一到周五，还是周六、周日，只要双方约好去看他的两套高价房，无论先前怎么约好，最后总会因为意外情况不了了之。

许多天之后，女孩被问及："你那个高价房男朋友怎么样了？"

她哭笑不得地回答："好久没联系了！"

"那个房子到底是真的还是假的？"

"谁知道呢，估计是在做梦吧。"

其实，女人也会给自己制造幻觉，与男人不同的是，很多女人会想方设法让自己一直生活在幻觉中。

有一位已然 42 岁的老大姐，至今未婚，因为她始终觉得自己才貌双全，一般的男人根本配不上她。她至今仍旧在等待她的白马王子，所以绝不让闲杂人等乱了方寸。

生活中的确有这样的女人，就算每天都得算着薪水过日子，每天晚上都得为男人洗臭袜子，她们也会通过幻觉告诉自己：这就是我想要的生活，这就是我想要的男人——我男人是白马王子！

男人可能会稍微悲惨一些。男人常常头顶幻想，脚踏现实。神采飞扬的梦想之后徒留一声叹息。

一位女性朋友六七年前赶上互联网创业浪潮并且深入其中，非常乐于和怀揣梦想的创业者一起分享激情。那时的她认识一个男人，他当时以项目洽谈代表的身份约了几个人聊天，号称要建立自己的商业帝国。说了很久考察结果，分析了行业内几大企业的优劣表现，最后快分手的时候他问："你有 50 块钱吗？借我打车。"

因为这件事情，她似乎幡然醒悟。她当时给了他 100 元钱，权当自己为听取了别人的梦想而买单。

有一个女朋友，遇到一个相亲对象。作为相亲对象，难免要过一关，就是要谈谈自己的过去、现在和将来。

相亲对象说："很小的时候，我的梦想是当一名科学家，能够研究出比原子弹更厉害的武器，让全世界都畏惧中国；中学的时候，我的梦想是当一名外交家，懂八国外语，到哪里都能很骄傲地代表中国；上了大学之后，我的梦想是做一名高级公务员，这样就能将自己的治国方略付诸实践了，可以造福更多的人。"

女友听了一笑而过，相比较而言，她还是感激他的坦诚，毕竟她年轻的时候也曾做过题为"我的强国梦"的演讲。

另外一个女朋友，认识一个热爱摄影的男人，笃信"如果你的照片拍得不够好，那是因为离炮火不够近"，发誓要做卡帕那样的人，冲在第一线，抓拍最好的镜头。女朋友被这个小男生的热情打动，于是将他介绍进某个报社做实习摄影记者，结果他在大街上跟着城管拍了很多照片，两个月下来，没有一张照片被采用。

她只要去找这个小男生聊天，小男生就会很神勇地说："日后有一天，我会拍下让世界都为之震惊的镜头，到时候，你就是我的伯乐，你就是我的发现者，你就是艺术之母；站在领奖台上，我会对所有人说：这是我崇敬的爱人，没有她就没有这张图片，也没有这个奖项。"女朋友只好无奈地说："到时候，我陪你去领奖，你报销飞机票吗？"

另外一个女孩，和一个她觉得不错的男人，准备从暧昧开始谈一场能开花结果的恋爱。一次吃饭的时候，男人向她描述了一下他期待的未来。

他希望他的女人出得厅堂，下得厨房。希望他的女人即使50岁，也能够高贵得体、容光焕发，可以穿上华丽的晚礼服，在他公司的年会上，与他共舞一曲。

女人赶紧问："哦？你会跳舞？"

男人说："现在还会得不多，只是大学的时候经常去蹦迪——等以后赚到钱了，我们可以一起学习，雇一个专门的舞蹈老师来教。"

女人看着男人不太合身的西装，沾着不少尘土的皮鞋，尴尬地笑笑，然后偷偷给好朋友发了一条短信："给我打电话，随便说点啥都行，总之赶紧来打搅我——我得想办法逃离现场！"

一些男人的期盼很简单，比如，无论多晚回家，都有一盏温暖的灯光在等待他；期待每次回家，房间里都芳香四溢，爱人已煮好了茶。

这些都是小资男人喜欢的"调调"，而那些陶醉在他所描绘的美好蓝图中的女人，会深信这也是她所期待的生活方式。她们乐意做这些事情，和这个男人共度一生。在深夜为他留一盏灯——哪怕他满身酒气语无伦次地回来；她愿意将家里收拾得一尘不染，安安静静地煮上一壶茶——哪怕他回来的第一件事就是牛饮一瓶纯净水，或者跟她讨论房价又涨，房租也涨的现实。

女人喜欢与她深爱的男人分享一些有意思的内容，比如梦想或者期待。很多女人，包括一些情感作家都会说：一个男人愿意跟你谈论计划、未来、对生活的期待，是因为这个男人想对你负责任，愿意和你一起建设一个未来，他想把你当成他未来生活的一部分。

当然，对于相处很久，互相知根知底，并且决定一起奔赴婚姻的人们来说，这些说法在大部分情况下是成立的。

但是，总有一些男人，在向你传递这些信息的时候，有着很复杂的情感和目的——尤其对于初次相识的男女，男人谈论这些，要么是在对女人投放钓钩，要么是在他浑然不觉的情况下，已经将自己的缺点和问题暴露无遗。

男人说他想有个温暖的家，是因为他曾经拥有过的家庭——比如父母的家庭不符合他的期待，或者他孤单太久，或者他的前任女友和他关系不好，他未曾体验过家的温暖。

其实，一段失败的感情一定是两个人共同的失败。所以，如果一个男人抱怨他的前女友没有给过他温暖的感觉，那么其中一定有这个男人不作为或者不当作为的原因。

如果一个男人跟你说，他要让你过不受穷的日子，如果你俩关系稳定感情很好，你就当他在给你承诺，顺便是想告诉你他会对你负责。可是，这个话题的另一层含意是，如果他很忙，那就没时间陪你逛街；或者为了未来的共同富裕你必须跟他一起节衣缩食，最好不要用他不宽裕的钱去烫头发做指甲；如果他为了加班为了陪客户而彻夜未归，你最好别去抱怨或者指责。

你在认同他给你描绘的未来蓝图的时候，在他眼里你已经认同了你必须承受的一切——包括你不愿意承受的一切。

他已经暗示你，如果有一天他为了你们的富裕生活做了你无法接受的事情，比如钻营，或者合法但是却不够光明正大的事情，你也得欣然接受。同样，如果他一直没有创造富裕的生活，你也得接受他长期不够富裕带来的诸多性情和习惯。

我有一个女同学，认识一个承诺为她创造富裕生活的男人，但是每次逛街，走到她喜欢的化妆品或首饰柜台，他总是面露窘色，处处不自然。并且在她挑化妆品的时候会说：这瓶擦脸油够买一台电视机了；这个唇膏够买两星期的菜了。

此时她完全无法想象他承诺的富裕生活，却必须为了省下买电视机和青菜的钱，顺便省下店员鄙视的眼神，赶紧拽着他离开。

其实，男人在描绘未来蓝图的时候，每一句话背后可能是一个社会分工、一个角色期待，甚至是一次道德和能力测试。

如果一个男人跟你设想未来的家庭多么温馨，孩子多么可爱，那就意味着你必须把家收拾干净，意味着你不仅要生孩子，还要承担养育孩子的责任。

如果一个男人和你一起幻想未来的你有多么好的工作，是什么样的派头，那就意味着你必须积极努力，绝不能跟他抱怨工作辛苦，对手像狼，队友像猪，不然他会觉得压力巨大，而你不符合他的期待，没有吸引力。

如果一个男人跟你一起描绘四世同堂其乐融融的场景，那你就必须有两把刷子，对付得了婆婆大姑子的挑剔，顺便还要有足够的精力，照顾好一家人的饮食生活。

如果一个男人期待你是贵妇，很可能他赚的钱不会增多，但需要你做的事情不会减少——你既要辛苦忙碌，还得优雅如贵妇，至于如何完成这个不可能完成的任务，还得你自己想办法。

当男人描述梦想以吸引女人，或者编织一个梦想让女人开心的时候，梦想其实是一个期货，而他手中的现金却未必充裕。

女人或许可以和他一起做梦，或许也可以像《盗梦空间》里讲的那样，进入他的梦境，和他一同想象一个属于你们的未来。

女人并不明白，男人对未来的憧憬有时是一个幌子，他期待于你的，更多是对现实的承担，是你为了获取期待中的标的而必须给予的付出。

因为这个世界上的确有一部分女人，不仅被男人的承诺打动了，还被男人的梦想和期待蛊惑了。

很多时候，女人并不清楚承诺是另一种形式的勒索，而梦想是一种最不需要实际投入的筹码，是能够以最低成本打动女人的迷魂汤。

在聆听他的梦想和期待的时候，你就必须接受他承诺之前或者承诺之时的诸多现状。在承诺兑现之前，有一个漫长的等待过程，你需要忍耐甚至主动帮助他。

于是你为了他的这个期待与梦想而努力，甚至把自己的积蓄、嫁妆和准备买房买车的钱都拿了出来，送给这个男人，以为自己是在投资梦想。

可是，你是否想过，有没有这样一种可能，忍耐的结果是被骗了，主动帮助的结果是自投罗网？

我要说的是，这种可怕的极端状况，在现实生活中确实存在。

女人视某个男人为未来、为一切，可是没过多久这个男人就不见了。

忽然有一天，女人上网闲逛的时候看到有网友贴出通缉这个男人的照片，揭露其骗财骗色的行径，女人这才恍然大悟，女人觉得头上炸了几个响雷，她似乎被雷劈一般醒悟但也崩溃了——尽管她仍旧不敢也不愿意相信，但是，事实却是她不仅被骗了感情，被骗了身体，还被骗了钱！

> 男人年纪越大，经历越多，就变得越愿意展示自己所谓的伤痕。
> 然而，男人只允许自己有缺陷有伤痕，却不给女人这种权利。

·用兜售伤痕作为勒索的工具·

张信哲有一首歌的歌词写得很动人：

白月光

心里某个地方

那么亮

却那么冰凉

每个人

都有一段悲伤

想隐藏

却欲盖弥彰

听过很多母狼救小孩的神话故事——母狼尚且如此，何况女人？

女作家在写到某个男人的时候，会用这样的文字：像一只受伤的小兽。

女人是情感动物，很容易被打动——尤其是被男人打动。

有的男人说，真见不得女人伤心，据说很多文艺男青年的梦想就是让林妹妹不要那么抑郁。中学时代，我们班有一个女生得了心脏病，眼神中总弥漫着淡淡的忧伤，很多男人因此心生怜惜，爱上了她那楚楚可怜的模样。

但是，等男孩长成男人，一切都变了。

有一个男性朋友，爱上一个女人，本来准备晚上请她吃晚饭，席间向她求婚，可是中午的时候听说该女友有心脏病，他迅疾就消失了。

有另外一个男人，听说自己正在谈的对象有生理疾病，不能生孩子——第二天就让别人安排新的相亲对象了。

男人跑得快，再找时不仅找不到人，还有他妈妈殿后打掩护。

男孩长成男人，尤其变成老男人，少年时期的英雄主义荡然无存，不再有肯为别人慨然付出的热情，开始畏首畏尾，开始小心谨慎，而且变得自私。

男人年纪越大、经历越多，就变得越愿意展示自己所谓的伤痕。然而，男人只允许自己有缺陷有伤痕，却不给女人这种权利。

而女人，或许 25 岁前得到过多的宠爱、纵容，25 岁以后，反而换了立场。

很多女人以见证男人的脆弱为无上的荣光。我曾经听一个女友感慨道："你能想象吗？在外人面前如此强硬高大的他，那一天真的哭得像个孩子一样，让我忍不住爱心泛滥，特想留下来照顾他，给他做顿好吃的，哄他入睡。"

有一部分青年甚至中年男人，会因为一个女人的特殊角色或者给他带来的特殊感受，而对她产生某种特殊的感情寄托。这个女人呢？也会因为看到了这个男人不同寻常的一面，从而对这个男人多一层不同寻常的关爱。

这种招数，不仅普通的需要灵魂导师的小男生爱用，许多所谓的成功人士也爱用。

很多男人，在和女人约会的过程中，忍不住会倒出一肚子的苦水，倾诉一堆自己年轻时候受过的伤。别人见到的都是他的光辉形象，唯有你看到他无助、委屈、受伤的一面，所以他打动了你。

俗话说"男儿有泪不轻弹"，当一个女人看见一个大男人忽然泪崩，哭得像个孩子的时候，女人与生俱来的伟大的母性情怀，或者说是生物本能，瞬间就会迸发。也可以说，她的某根神经忽然就会搭错。

所以，电影里或者小说里，总有这类镜头：很多外表坚强的男人躲在某个女人的怀里叹息，他紧皱的眉峰下面有一双忧伤的眼睛；或者他遇到巨大的困难，而这个女人用一个拥抱，或者一番敞开心扉的聊天，或者别的属于女人特有的办法，让他重拾自信。

总而言之，女人为这个男人的忧伤买单了，然后这个女人就会觉得自己特崇高、特伟大，活得特别有意义。

很多男人在倾诉忧伤或者展示伤痕的时候，并不知道自己是在兜售，或者并没有意识到自己的目的是用另外一种方式吸引甚至蛊惑女人。

他们惯常的语言是：我从未跟任何人说起过这些；或者，不知为何，我见到你就有一种奇怪的亲切感（安全感、亲密感、亲近感），愿意跟你说这些。

尤其是一些老男人，半辈子都在积累忧伤，忽然有一天他遇到一个比他年轻，但又没有年轻到无趣的女人，他就会忍不住开始他的曝晒之旅。

他的伤痕包括小的时候吃过多少苦。这些苦大多是社会或者历史原因造成的，比如他为了读书吃过很多苦，或者小的时候没细粮可吃，母亲每天都会给他书包里塞一个山芋，至今他最讨厌吃的仍旧是山芋。

当然这是可以理解的，通向成功的道路荆棘密布，一个成功男人必然会饱尝艰辛。他曾经战胜无数的白眼、蔑视，如今终于站在高高的山冈上往下望，当然需要一个女人能接纳他吐出的坏情绪和苦水——或者说，如果女人想分享一个男人的成功，就要分担一个男人的重负。他在拼命前行的时候没遇到你，你总得允许他成功之后分一些沉重的记忆给你。

还有另外一些所谓的伤痕，困扰着男人，也困扰着女人。这种伤痕在别人眼里不一定值得同情，有的甚至是令人羡慕的事情，但在他眼里反而成了心理障碍甚至负担。

一个朋友的某任男朋友，父母在当地比较有势力，2003 年父母就给他在北京朝阳公园附近买了一套 200 平方米以上的高档公寓，当然，男人还有其他产业，但至今光这套房子就价值千万，所以常令女人流哈喇子，当时该女友也甚是珍惜与他的缘分——还有他那套可能住进去的房子。

可是交往了一段时间之后，她发现他最大的苦恼是，手眼遮天的父母总是干涉他的一切行为。从小时候起，他交什么样的朋友，上什么学校，都在父母的支配和控制范围之内。就连他离家出走，父亲也能调动公安民警在 24 小时之内找到他。

所以，一直到他大学毕业后好几年，都不得不按照家人的安排生活，甚至与什么样的女孩子交往，也必须听取家人的意见——因此，他一直未婚，直到遇见她，并且觉得她让他有一种奇妙的感觉，可以倾诉这么多年的郁闷。

这姑娘因此觉得自己很特别，无可替代。一度认为自己是对方最信赖的人，甚至有几次将男人抱在怀里，一起畅想这一辈子如何温柔地对待他，给他想要的自由。可是这个念头刚冒出来没几天，她就发现，原来他有充分的自由——包括和别的女人随意相处的自由。

她终于发现，自己只是对方的一个心理按摩师；或者，相比于其他种类的女人，她比较特殊，但是并不代表唯一。

他找她倾诉，并不代表就将她奉为神祇。

男人释放的信息往往是个钓钩，是希望拿自己所谓的伤痕换取女人的怜悯与疼惜。

当男人把这个钓钩扔下水时，你蓦然发现自己并非他要寻找的港湾，而是他要钓的一条鱼。

男人经常广撒网，所以他未必记得自己到底下了多少钓钩。他的乐趣在于不停地钓鱼，你见过有几个垂钓的人，守一个下午就是为了能钓到一条最心仪的鱼，养在自家的鱼缸里？

相较于男人的游刃有余，很多女人对世界的认识往往直接、简单、偏激，并且容易陷入非左即右的困局。

比如，本来在这位姑娘眼里，这个男人应该是深受父母迫害的，所以，一定会自食其力独立自主地闯出一番事业，结果呢？她发现，其实他的工作成就大多源于父母的庇荫，而且，他并不愿意轻易脱离父母的庇荫。

这是他的成长方式，也是他与生俱来的生活方式——至于年少时候的那次出走，现在看来，除了所谓的叛逆精神以及独立的愿望之外，在很大程度上是一种作秀，一次博弈的小高潮。他的目的不是脱离父母的保护，而是要挟父母以他期待的方式保护他。

他跟你倾诉他的伤痛与恐惧，你信以为真，不由自主地同情他怜悯他，渴望去保护他——你以为你给的是他想要的一切，其实你只是他想要的一部分。

还有一个男性朋友，据说 2000 年前后在土耳其等地做生意，之所以认识他，是因为另一位女性朋友在某高端会所发现他，身材不高，却"品位不差"。尽管现在，没有人会因为身高对他进行误判，但是身高仍旧是他心上的一道伤痕。他从 14 岁开始再没有长高，所以，在将近 20 年的时间里，只好痛苦地面对身高给他带来的困扰。

他喜欢的女孩子在一年之内比他高出将近 10 公分，那个学习没他好，但是篮球打得超级棒的男生得意洋洋地与他喜欢的女孩搭讪，而他除了愤怒却没有抗衡的力量，只好忍气吞声。

进入社会之后，他下定决心一定要找个高个子老婆，生一个高个子的儿子，以后儿子不用经历他曾经经历的种种困苦——顺便，如果一个矮个子男人拥有一个高个子的儿子，也算是一种很意外的成绩吧。

可是如何追求一个高个子的女人呢？他不得不费尽周折，去搜寻，去发现，去征服。

对于他来说，这简直是一项事业，或者，是一个很大的挑战。

他必须付出更多的努力，不得不变得幽默、细致、温柔、体贴；同时又要积蓄竞争的力量——当一个男人有了成功的事业和好的品行，谁还介意他的身高呢？

男人拥有的青春期伤痕包括前青春期伤痕（比如 6 岁前）和后青春期伤痕（比如 20 岁之后）。

如果说一部分矮个子男人经历了难以言喻的困苦，进而练就了强大的人格，那么高个子的男人又是如何呢？

认识一个高个子男人，一度与他惺惺相惜。他身高 190 厘米，从 14 岁开始就是专业篮球队的队员。有一次他不无感慨地说："其实我根本不想要这么高的身高，很多个子矮小的人总羡慕我，其实他们不知道，因为太高，导致我从没有机会借别人的肩膀哭泣。"

他的眼睛里几乎泛着泪光：如果给我一次选择的机会，我一定不要长这么高。

因为长得高，他从小就被当成"劳动力"和"承担者"，无论是在家里还是在学校，有点什么事情就会想到他，所以他倍感压力和责任巨大，每时每刻都不敢松懈。

即使后来他考上了注册会计师，并且有了自己的事务所，但很多人见到他的第一眼，对他的概念仍是"四肢发达、头脑简单"，非常宽容他犯下一些错误的同时，也不会将很复杂的任务布置给他。

"很多人这么做，起初可能是出于好心，但是从另外一个角度讲，其实是对我能力的轻视，换句话说，是不愿意对我的未来有什么期望。你看，身高让我丧失很多可以做得更好的机会。"

他至今仍旧非常自卑，而这自卑是身高带来的。除了工作，感情也并非一帆风顺。

他遇到的女人，见到他高高的个子宽宽的肩膀，都觉得找到了依靠。起初，他乐意提供这种安全感，并且洋洋得意。时间长了才发现，成为他人的依靠，意味着更多的承担，更少的索取。

他曾经不顾所有人的反对，和一个女人义无反顾地结婚了，唯一的原因是，这个女人尽管身材矮小，但是睡觉的时候愿意抱着他。那一夜，当她把手臂搭在他的肩膀上熟睡，他哭了——从小到大，从来没有一个女人想到，他其实特别需要一个拥抱，需要有人能主动地抱抱他，关心他，疼爱他。

可是，结婚之后他发现另外的问题：拥抱只是那一夜，生活却是漫漫长夜。高大魁梧的他常被老婆带出去充门面。他得负责养老婆一家人，负责张罗很多事情，需要冲锋陷阵的时候，大家第一个想到的是他。

面对争执，女人说的最多的一句话就是："你是个大男人，就不能让一下我？"出现问题，女人会劈头盖脸地质问："这点事情你都解决不了，你是男人吗？"

尤其当他因过度劳累，没有力气练习俯卧撑时，女人就愤怒了："你还是个男人吗？要个空架子有什么用？"

　　离婚之后，该男开始紧锣密鼓地投入相亲运动。这一次，他决定采取另外一种战略，就是重点阐述高大威武给他带来的伤痕和恐惧。甚至连他的开场白都是这样设计的：我有过一次失败的婚姻，因为对方太看重我的身高了。这一次，我想找一个能忽略我身高的女人。希望她能像对待 170 厘米或者 165 厘米的男人一样对待我。

男人靠得住，女人能上树

> 男人袒露伤痕，出的是一道推理题，一道测试题；他在等待女人的回应，以判断这个女人是否能为自己提供点什么，比如崇拜或者安慰；或者做点什么，比如倒杯水，在他无家可归的时候能照顾他两个月而不厌烦。

·钱钓不到的女人，伤痕可以钓到·

其实，每种对于伤痕和恐惧的描述背后，都有一整套的逻辑。描述伤痕是在下一个钓钩。

那个高个子男人希望钓到一个能关心他、体谅他的女人。伤痕，往往是最好的诱饵。钱钓不到的女人，伤痕可以钓到。

除了身高、家世、青春期经历之外，男人们的伤痕五花八门。

比如，一位广告精英喜欢了 5 年的女孩最终嫁给别人了，他呕心沥血的付出最终一无所获。那次教训深深地影响了他的人生观和价值观。比如，初恋女友的清纯给他的性心理带来了无法抹去的阴影，让他在道德层面感到无以复加的压力。比如，第一个女人的成熟，让他一直惴惴不安，甚至非常懊悔没有别人那种青涩而纯真的体验。

当然还有很多，比如妈妈的大胸脯和大嗓门常给他带来困扰，于是他发誓此生一定要找一位优雅的女士；或者妈妈的完美主义和太过优雅，让他感到在她面前永远处处瑕疵，他因此丧失很多判断力和尝试的机会。

比如爸爸的魁梧强大让他觉得自己一直生活在霸权之下；或者爸爸的懦弱和畏缩让他的童年一直不受保护，至今没有关于父亲的图腾。

比如小时候成绩太好，让他高中之后再无大的成绩，现在仍旧一穷二白；或者小时候成绩不好，让他在学校里备受歧视，步入社会之后不停地靠挣钱来证明自己的价值，尽管已经聘用了好几位博士，仍旧觉得自己没文化……

不要以为成功的男人没有伤痕，很多男人之所以成功，是因为不向命运屈服，不断地与命运抗争的结果。在成功之前他们一定经受了很多的困苦和压力。

很久以前，读到关于刘永好兄弟的故事，原来他们成功的动因就是希望过年的时候能有钱给孩子们买肉吃。

每一种伤痕背后都是一种畏惧。他因为身材矮小被人耻笑，那么他最畏惧的就是别人继续以此耻笑他，或者耻笑他因此而附加的诸多气质，比如小气、没眼界。

如果他因为身材魁梧而异常痛苦，他最害怕这种痛苦再次重复，比如，最亲密的人责令他必须担当而绝不分担。

如果他走不出失败的阴影，他最怕别人指责他百无一用。

如果他因为穷困而被亲人或者生活逼迫着奋发图强，那么当他有钱的时候，尽管他最不拿钱当回事，但他最无法接受的还是没有钱的日子。

很多女人太过认真，并不知道男人的目的，只顾做出自以为正确的反

男人靠得住，女人能上树

应——没想到这些反应不仅无法获得自己想要的东西，反而丢了男人，以及与男人之间那种亲密的、温柔的或者暧昧的感觉。

有一部分女人确实以聆听男人的伤痕故事为荣，认为能够分享男人的恐惧真是三生有幸。

某女友多年前在论坛上认识了一个中年男人。该男是北京某个房地产公司的副总，不知哪位月老值班，或许是因为网络的马甲式沟通，那个男人半夜三更抓住她就说自己的工作有多累，应酬是多么身不由己，身体是多么虚弱，期待过宁静的生活却始终无法得到。身边的女人总是以为他很光鲜，都希望从他身上获取点什么，所以对他连最起码的关怀都没有。

这位女友一下子就心动了，觉得无论这个男人几多成就，几多能耐，在她这里忽然就变成了一只乖乖的小羊羔，一个令人心疼的婴儿。

她柔情万种地宽慰他，为他进行心理按摩，在虚拟的网络中拥抱他，哄他睡觉，叫他起床，嘱咐他记得吃早餐，少喝酒，多休息……

后来，他们恋爱了。

后来，他们分手了。

因为他不能够接受她在现实生活中对他了解得太透彻，他无法接受眼前的她知道他的一切伤痕和心事。瞧，现实就是这样残酷，她被他打动了，流泪了，心疼了，怜惜了，飞蛾扑火了——然后把男人吓跑了。

其实，男人袒露伤痕，出的是一道推理题，一道测试题；他在等待女人的回应，以判断这个女人是否能为自己提供点什么，比如崇拜或者安慰；或者做点什么，比如倒杯水，在他无家可归的时候能照顾他两个月而不厌烦。

而女人往往将考题当成一个信号，以为男人敞开心扉，就是想和自己分享人生，共度余生。

或许男人会因为你善于聆听、善解人意而对你产生好感，甚至产生依赖，但是并不代表他因此愿意将他的一切与你分享。

因为，其实男人没那么傻。不仅不傻，反而很狡猾。他们比谁都清楚，钱钓不到的女人，伤痕和恐惧可以钓到。

很多女人被男人的哭声、眼泪、恐惧、孤单钓到了，然后就被丢到脑后了——不相信的话，可以看看男人的妈妈。她经历了生产的巨大痛苦，忍受了生活的磨难，照顾他这么多年，他现在每周或者每年跟她一起吃几顿饭？对自己的母亲尚且如此，对别的女人又能好到哪里？

男人靠得住，女人能上树

③ 先有男人的愚蠢，才有女人的疯狂

——当"水星女"遭遇"火星男"

> 关键在于，你到底是跟谁展示你的疯狂，是跟自己的男人，还是跟别的男人？展示之后会造成什么样的结果，是最终获得了幸福的生活，还是与幸福擦肩而过？

·男人爱《金瓶梅》，女人爱《红楼梦》·

就像男人始终不理解，为什么女人爱看那些假得不能再假的韩剧一样，女人也始终很难理解，为什么男人这么想把自己弄上床，鼓捣几分钟。

这一点，男女之间的感受相去甚远。女人根本不知道，男人从青春期开始就被性冲动困扰，高中甚至初中的假期里就已经开始偷偷地看 AV（成人色情片）。

有一个男性朋友，高大帅气不说，还是北京一家排名前 50 的律师事务所的创始人之一，办公室里有很多小姑娘想方设法给他暗送秋波，他东推西挡几乎难以招架，但是在老婆面前就彻底灰溜溜。

最近他和老婆经常吵架，几乎闹到要离婚的地步。他对老婆的抱怨和指责永远不明就里，于是一个老大姐苦口婆心地开导他，最后问及他们的私生活。

他坦承不太和谐，因为她总是拒绝跟他亲热。

在她看来他想的和做的"就那点事"。每次都直奔主题，没有拥抱，没有温存，索然无味。

于是老大姐不得不给他洗脑，告诉他女人需要什么样的"亲热"——先亲，后热。

老大姐还打了个比喻："就比如说看电影吧，开头的时候总有个序幕，女人看完序幕还等着看后面90分钟的精彩故事呢，结果你倒好，整个电影只有那两分钟序幕！"

男人终于感慨道："都是被A片骗了啊！"

是啊，他不仅被A片骗了，估计还是被美国A片骗了。

和男性好友聊A片，他们觉得中国男人更适合看日本A片。美国A片是为了表演而表演，跟大片一样，镜头里都是帅哥美女，还有欧美人惊人的体魄，不仅让中国男人自卑，而且它的导向也不对，让很多男人以拼高强度运动为目标。中国男人在操作的时候大多体力不支，想想中国的足球就知道了，中国男人无论是爆发力还是耐力都有先天弱势。

可是，中国男人却以美国A片为教材，实践于自己的生活中，就算不是自取其辱，也一定是事倍功半。

因为生活中的女主角们，都在韩剧中和男人谈着恋爱呢——她们的心还没被打动，怎么可能立刻成为A片的女主角呢？

我个人觉得冯小刚还是很通人情的，并且很有幽默感，他在电影里让一个男人和一个女人面对面谈论"性"，将冲突表现得很有喜感："那事儿，就这么有意思吗？"——"是挺有意思的。"

其实，很多时候，男人的"意思"和女人的"意思"不是一个意思。

先有男人的愚蠢，才有女人的疯狂

男人总以为女人喜欢他健硕的身体、优越的尺寸等硬件，殊不知，功夫在戏外。硬件、软件都行，才是真的行。

据说，美国 A 片可能导致男人更自卑。相比较而言，日本 A 片似乎具有积极的借鉴意义。当猥琐男遇到萝莉，顺便有很多情节铺垫，类似于面试、办公室谈话、被跟踪偷拍之类的，猥琐男们有足够的时间挑逗萝莉们的心情——这也比较符合中国女人的口味。

女人有时候会应景地说一些让男人高兴的话，就像伪装高潮一样，用言不由衷的夸赞，让对方开怀、舒心，其实她们一边伪装，一边哭笑不得。有的对此愤愤不平，每天要对着一个男人强作欢颜，说谎说得自己都觉得十恶不赦。

其实女人需要的是足够的铺垫，足够的温存，足够的爱。

什么是爱？就是一个男人所有的表现，都合她的心意。

何为爱的感觉？就是心心相印，相濡以沫。执子之手，与子偕老。同甘共苦，同舟共济。

女人之所以有这种想法，是因为男人很多"霸权主义"的所作所为，让女人感觉，男人无论多努力，始终都无法与她实现共赢——起码很多女人并不是非常顺利地就和男人实现了共赢。所以很多女人用自己独有的方式去抗争。伪装高潮只是抗争的一种方式。

"你不是想要吗？给你就好了！"不要以为女人这样说这样做是高风亮节，其实她正在把事情搞砸、把谈判谈崩。

如果你们正在谈分手，你不想和她分手，为此想要她在意的一件东西，她毫不犹豫地给你了，不是表示她对你友好，而是想放下这个筹码，不被你拿捏，甚至希望以此退一步，让你断了念想。

如果你们正在谈论性，她让你随心所欲，不是表示她想和你合作，而是她想通过此事堵你的嘴。这个逻辑背后接下来的潜在逻辑是：我该做的都做了，看你能做成什么样？或者，我们的问题都出在你一个人身上。

另外有些女人则像电影中的那样，想表达的信息是：我一点儿都不喜欢。其实她不是不喜欢，只是，没有人让她喜欢。她之所以表现出不喜欢，是因为每每她期待新的有改进的感受时，对方却总是令她失望。你看，她不是不愿意期待更好——只是，每次期待的结果总是她的搭档进一步地打击到她，不仅让她的期待落空，还要把事情糟糕的结果赖到她的头上。

换句话说，很多男人自己没有娴熟或者高超的技巧，反而想让女人夸赞，女人会觉得这个人这件事都实在太无聊了，简直无聊透顶！

女人每失望一次就会积累一些怨恨，长此以往，她们表现得不再怨恨对方，而是用实际行动来消极地抵抗。于是，最后她宁愿选择一种观念，一种态度，甚至一种价值评判标准：对于我，性就是浪漫主义的人文感受。

她们甚至渐渐地以此作为生活标准，标榜自己不依赖男人，标榜自己纯洁，或者标榜自己是个传统的好女人。就像封建礼教教导寡妇要守妇道一样，当女人因为客观条件所限，无法成为 A 类女人的时候，她就开始暗示自己转变为 B 类女人。

结果是，很多女人之所以不愿意做，或者做不到，是因为她是个"正经"女人。

从前，在某部小说里读到一句话，意思是说，表面上看上去越正经的女人，在床上越疯狂。暗暗记在心底，后来，看到很多"一本正经的女人"，就忍不住想笑。

有些故事或者幻想，估计是专为正经女人设计的，比如纪晓岚的《阅微草堂笔记》里记载，有一个强盗，打家劫舍的时候，先把那家人用迷药迷晕，发现有美貌的妇人，就将这个妇人拿被子一并包裹了，背到树林里，和妇人云雨一番，事后再把女人送回原来的床上。

结果这个女人迷迷糊糊的，未必记得在树林里发生的事情，即使隐约记得一二，早上起来发现自己还在床上，就以为自己是在做梦呢，也不深究。

有一些女性朋友在听到这个故事的时候会笑，但是她们并不反对这种说法，她们希望自己在性爱中有一种晕晕乎乎的状态，这种状态不仅让她们放松，还会让她们相信自己可以百分之百地依赖和信赖对方，全身心地获得一种前所未有的安全感。事后也可以娇羞一下，为"另一个自己"打打掩护，既给自己留下一些余地，也给对方留下一些幻想空间。

可是很多男人却希望女人能保持清醒，能与女人保持明确的沟通。男人恨不得那个时候他们的神经都紧张而兴奋，最好能比打游戏的时候逻辑更清楚头脑更明白，甚至还需要女人按着节奏和节点给予回应，只有这样，在这种联合作战中，男人才能享受到一种成就感和胜利感。

如果女人表现得害羞或者佯装害羞，有时候男人觉得她可爱，有时候男人觉得她无趣。

男人不爱看韩剧，但是据我所知，从被戏称为"包工头"或者"二道贩子"的暴发户，到互联网精英，很多男人会看《金瓶梅》。女人则爱看《红楼梦》，因为里面有细腻的情感，一个葬花一个落泪的"共鸣"，一个挨打一个伤心的"同感"，一个敲门一个不应的凄然……因为有情有义，宝哥哥能打动妹妹们的心。

《红楼梦》里处处充满着情义，这是女人更乐于谈论的话题，相比较而言，《金瓶梅》里的描写则是赤裸裸的——这让女人觉得美感少了，"意思"也少了。

仔细想来，《金瓶梅》中的西门庆并非"自杀"，而是"他杀"。还记得吗？西门庆觉得瓶儿白得很诱人，就跟潘金莲说了，所以潘金莲开始学着把粉都擦身上，让自己变得更白皙；西门庆觉得她在性爱过程中穿红色的鞋子很刺激，她就做了好些红色的鞋子。

这样的女人深得男人喜欢，所以西门庆以死相报，不过这种关系一定存在于互相信赖的夫妻之间，如果两个人刚开始发展关系，估计此类行为都会是危险的。

不是每一个男人都有西门庆的行头。在这个世界上，70后，还有部分80后们，还在盘算他们那一点儿小九九，比如，结婚要找个处女。几年前认识一个注册会计师，甚至还通过数学模型计算出结婚找处女的合理性和必然性。

然而，令人感到奇怪的是，一些男人，一边号称喜欢纯洁的处女，一边又期待在性爱中有人引导，甚至希望对方是个高手。这不可怕，可怕的是，当发现对方果然是个高手的时候，又会因为妒忌、猜疑等种种原因为难对方，让对方无所适从。

有一个看上去特正经的女人，跟老公在一起也非常正经——她生怕老公说自己不够正经。

她老公是马来西亚华侨，2008年前后在北京以她的名义买房若干，投身于炒房大军中。2009年她生了个儿子，嫁得好，肚子也争气，一度是女人们羡慕甚至嫉妒的对象，结果忽然有一天，她在MSN上说，她出轨了，准备离婚。

或许每个正经女人都会有疯狂的一面，或者说期待自己有疯狂的一面，关键在于，你到底是跟谁展示你的疯狂，是跟自己的男人，还是跟别的男人？展示之后会造成什么样的结果，是最终获得了幸福的生活，还是与幸福擦肩而过？

这种故事很多，血淋淋地不断呈现。一个男人抛弃失过身的女友，娶了一个处女，结果婚后老婆却常常出轨；或者，一个男人非要和处女结婚，

先有男人的愚蠢，才有女人的疯狂

结婚后发现夫妻之间没有良好的性生活，但是又不能离婚，后来在外面寻花问柳。

网络上这样的帖子下面，总会有网友的麻辣酷评，甚至回帖围观的男人和女人们因此打了起来。女人们鄙视男人之所以在意对方是否为处女，归根结底是因为自卑，男人们痛斥女人不自重；男人们诅咒出轨的女人不得好死，女人们针锋相对地直指病灶：女人出轨是因为男人根本不行。

还有更狠的女网友釜底抽薪：所以我现在根本不考虑和男人恋爱，我是 LES（女同性恋），我很幸福。

男人若知道女人都是这么个调调，会不会气得吐血三升？

男人靠得住，女人能上树

如果一个男人和一个女人一起回忆他们第一次的情景，女人回忆的是"情"，她心底升腾的、脑海里呈现的是当时的微风、太阳、空气，良辰美景让她情不自禁地想要投入到一场亲热中去；而男人能想到的是"景"，即那个时候他们是怎么做的。

·男人要的是做，女人要的是爱·

《非诚勿扰2》里，秦奋（葛优饰演）描述他和笑笑（舒淇饰演）的关系时说："她要的是感情，我要的是婚姻，我俩从一开始就跑偏了。"

跑偏的不只是交往的内容、方式和目的，更多的是，男人和女人对于爱情或者婚姻的理解。

男人就算有一万种语言去描述他们想要的婚姻，但生理本能决定了婚姻对于他们是很实际的东西：男人需要稳固安全的性生活，需要制造下一代，将基因延续下去；男人需要有一个女人跟他建立家庭，双方密切合作，男"主外"，女"主内"，让生活蒸蒸日上。

但是，女人的爱情誓言却是电影《河东狮吼》中张柏芝饰演的女主角的台词：从现在开始，你只许疼我一个人，要宠我，不能骗我，答应我的每一件事情都要做到，对我讲的每一句话都要真心，不许欺负我，骂我，要关心我。别人欺负我时，你要在第一时间出来帮我。我开心呢，你要陪着我开心；我不开心呢，你要哄我开心。永远觉得我是最漂亮的，梦里面也要见到我，在你的心里面只有我！

当女人还在幻想浪漫情节的时候，男人的大脑和身体已经落实到具体的行动中去了。

女人要的是爱，男人的工作重点是"做"。

在男人眼里，女人总是太麻烦，太费事；而在女人眼里，男人真是太没意思了，甚至简单粗暴。

女人在和一个男人建立亲密关系之前，总会反复地问自己：我喜欢他吗？我信赖他吗？而女人在事后总会总结：为什么没有信任感？为什么没有安全感？

所以，如果男人事后只知呼呼大睡，女人就会黯然神伤。而男人呢，如果想睡的时候女人不让他睡，就会烦躁不安。

对于婚姻，男人的要求很实际：老婆孩子热炕头。女人的要求则是：有一个可以永远依靠的肩膀。

所谓依靠，不只是有饭吃有衣穿，也包括睡觉的时候有人从后面把自己抱在怀里，但是有几个男人会在睡觉的时候从后面抱着女人呢？他们要么是等着女人来抱，要么原本就想一个人睡一张大床！

女人能想到的浪漫的事就是两个人一起慢慢变老，直到"老得哪儿也去不了，你还依然把我当成手心里的宝"。男人心里想的则是今年能赚30万，明年可以赚到60万就好了，如果年收入100万，不仅能让儿子读更好的学校，还会有小三投怀送抱。

在2004年的时候，我认识一个女孩，彼时她和男友已经同居一年多，在别人眼里，他们俩是天造地设的一对，未来的生活水到渠成。他俩是大学同学，男孩毕业后进入中直机关工作，父母出钱，以他的名义在西三环附近买了跃层的房子，不到半年时间，将女孩带到北京。女孩白净漂亮，做得一手好菜，男孩干净帅气，双方父母都见过面，认可他们的关系，似乎，接下来就是结婚生子，没有任何悬念。

可是忽然有一天晚上 12 点多，男孩给我打电话，问他的女朋友是否跟我在一起。

我也很奇怪，帮他四处打听，在朋友圈子里找了个遍才把她找到。此事平息后没多久，两个人开始闹分手，女孩说了一堆理由，类似于他脾气不好，他有抑郁症、不负责任，诸如此类。

男孩很无辜，除了承认所有的错，还用各种手段请求女孩给他改正的机会——即使连莫须有的抑郁症都愿意揽到自己身上。后来女孩再打电话来倾诉或者埋怨，我直接问："他是不是从来没有送过能入你心的东西，比如戒指、玫瑰花之类？"

女孩立刻就崩溃了。

男孩从未送过她任何有"特殊含义"的东西，戒指、手链、护身符、挂饰等等，她手腕上的镯子是街头两块钱买的塑料制品，她曾多次暗示他，甚至明示过几次，他不仅没有听进去，甚至根本没有听懂。

张信哲唱过的一首歌里有这么一句歌词："我能给你一切毫无疑问，怎么我不知道你会对戒指认真？"年轻的时候读安妮宝贝的小说，里面的男主人公买了一个硕大的红宝石戒指给女主人公戴上，说："我就要用这种俗气的东西把你困住。"戒指、耳环，以及好多能"套住"女人的东西，英文中都叫 RING，意思是绳索、圈套。女人，尤其是年轻女人，希望用这种带有强烈物权归属色彩的东西来证明自己的身份与归属，来证明自己被某个男人从心里占有。

只是，很多男人不会想到这些细枝末节，他们反而以为女人想要的是房子、车子、票子。

很多20世纪70年代出生的男人感慨："好白菜都给猪拱了，好女孩全被流氓骗走了。"是啊，女人就喜欢这样的男人，喜欢男人有足够的时间和精力逗自己开心，喜欢男人嘴上抹蜜，而不在意他们脚下是否抹油——所以，他们那个年代，很多中学校园里的校花，最后都跟混混们混了。

一位从事企业管理咨询的朋友，经常会聊起当年他暗恋过的女生。当年他的想法是，如果考第一名就对她表白，等他考了第一的时候她在篮球队员的自行车后座上；后来他想，考上大学再向她表白，等他考上大学，已经有另一个混混成为她的男朋友了；后来他想，等自己功成名就再去找她。现在他在行业内获奖无数，并成为著名的"企业智库"的领袖人物，一度成为她所在城市某些商务论坛的特别嘉宾，但是尽管路过她居住的城市，甚至找人打听好了她的电话号码，却始终没敢回去找她倾诉衷情。

其实，这些男人至今仍未必懂得，他们自以为能拿得出手的筹码，并不是女人需要的。

在弗洛伊德的理论中，母亲是男人第一个接触到的女人，所以，男孩对于女人的理解总与"母亲"有扯不清的关系，无论是类似还是完全相反，总之，脱离不了母亲的影响；同样，女孩幼小时也会崇拜父亲，所以，女人希望一个男人多少有点父亲的感觉。

从她的基因起源一直到她长大成人，父亲无时无刻不在影响着她，她的潜意识里，期待一个男人既像她的父亲一样，又能弥补父亲的缺点，甚至能带着她摆脱父亲的保护——远走高飞。

所以，一个父兄似的男人很容易让女人有安全感——而父兄一般的男人，对于性如果确实有成熟的态度与处理方式，则更容易赢得女人的信任和依赖。

什么样的感觉是父兄般的感觉呢？就是女人和他在一起，即使不做任

男人靠得住，女人能上树

何事情，男人仍旧会爱她，不离不弃，一无所求——只有在这样的前提下，女人才愿意为一个男人奉献一切。

这种性别差异，导致男人和女人在相遇的时候就已经背道而驰了。因为男人也需要一个"全能女人"，既能像母亲般关怀他，包容他，还能引领他，给他迷茫的人生指点方向。要能分担他一半以上的负担——这还不够，还要有足够的能力去激发他的潜能，让他有责任心，有保护欲——而他真正的目的，不是想成为这个女人的父兄，而是想跟她上床，释放他压抑许久的本能，并且希望她能因此更好地传播他的基因。

男人的生物本能让男人生来就带着这样的目的，而男人的社会属性让他根本没有足够的时间去考虑女人脑子里到底在想什么，到底需要什么，于是就错误地以为，自己在社会上混，通过拼命奋斗得到的东西都是为了满足女人。真是天大的误会！

男人再努力，如果让一个女人没有感觉——那么这个女人尽管看上去很幸福，但是在她的日记里、网络空间里，记录的都是让男人觉得无法容忍的事情。比如，她总是去想念那个至今一贫如洗的前男友。

其实女人不是想念他，只是需要某个人有比较充足的时间，或者相对充足的精力，或者起码装作有充足的热情去了解她，跟她谈一场与性无关的恋爱，跟她调一场可以不主动索取结果的情。

可是男人如果发现了，就以为女人在精神上已经出轨了，并且开始怀疑女人的身体可能也已经出轨了，于是乎，笨女人和蠢男人联合发动了一场无法确认假想敌的战争，让自己成为别人茶余饭后的谈资。

有一个女性朋友，她从 16 岁开始，用了将近 10 年的时间，都在寻找一种"干净的拥抱"。什么样的拥抱是干净的拥抱？就是男人在拥抱她的时候心无杂念，共同感受拥抱本身的美好，比如鼓励、温暖、安全、厚重等情感，令她失望的是，男人的拥抱总是那么功利，似乎给一个女人拥抱

先有男人的愚蠢，才有女人的疯狂

就是为了拽她上床；或者想拽一个女人上床，于是就给她一个拥抱。

因为她一直无法走出拥抱情结，也就一直无法得到"干净的拥抱"。

女人把拥抱当成一种情怀，而男人很自然地视拥抱为前戏。就算他们拥抱之前并不确认那一定是前戏，但当双方的身体接触之后，男人的身体立刻作出了反应，让原本一个简单的拥抱很奇怪地变成性行为的一部分。

这种男女之间的差异，让女人的很多幻想破灭，也让男人备受打击。

认识一个男人，只有 35 岁，除了对事业孜孜以求，他似乎对别的一切都了无兴趣。

他无法和女人谈恋爱，说女人是老虎。原来他从 20 岁开始就遇到各种各样的女人，她们不愿意和他发生亲密关系，但是又黏着他，似乎一直在勾引他。他稍有造次，她们就或者生气，或者离去，或者委屈，让他手足无措。长此以往，他失去了与女人相处的能力和信心，甚至他的性心理都有了很大障碍。

其实，男人对女人的需要，首要的就是性的需要。

男人坦白说，他们从青春期开始对女人的性幻想，就与性器官紧密相连。尽管他们的幻想未必像 A 片那么赤裸裸，但是性器官是最吸引他们好奇心的幻想对象了。

而女人幻想和期待的性经历，听起来或者仔细琢磨起来，似乎永远都不是"性"本身。

女人回忆起自己的爱情经历，她念念不忘的很可能是男人永远都不会在意的细节，比如窗帘上的花纹以及映照在上面的阳光，月光下稀疏的树影，远处传来的某种悠扬的声音，盛水的玻璃杯子干净的杯壁。而男人，那时候已经欲火中烧，完全无法控制自己的行为了。

如果一个男人和一个女人一起回忆他们第一次的情景，女人回忆的是"情"，她心底升腾的、脑海里呈现的是当时的微风、太阳、空气，良辰美景让她情不自禁地想要投入到一场亲热中去；而男人能想到的是"景"，即那个时候他们是怎么做的。

男人和女人谈恋爱，女人只顾忙着恋爱；而男人，如果没有欲望，他们是爱不起来的。

一位男性好友描述男人的感觉，用了这样的词汇：男人的爱是从胃的深处生出来的饥渴感，这种饥渴感让他们恨不得立刻把对方捣碎、吃掉。

男人无法理解女人，为什么沉浸在虚无缥缈的想象中无法自拔；女人抱怨男人从不在乎她的感受，无法满足她对爱情的期待和幻想。女人觉得，喜欢和一个人说话，喜欢和一个人待在一起，喜欢和他牵手、拥抱，就是谈恋爱啊——为什么男人想到的就是那点事儿呢？男人觉得，如果你不想和我有进一步的发展，为什么非要勾引我，给我机会？如果你想跟我继续发展，为什么非要打击我？

所以，女人对男人的情感是从心灵深处升腾起来的，而男人对女人的情感是从小腹下方升腾起来的。

先有男人的愚蠢，才有女人的疯狂·

> 无论是因为生理本能还是思维习惯，女人总希望自己的男人是超人。他最好能明了女人内心所有的期待或者最隐秘的需求，对于女人灵魂的通道，进出如入无人之境。

·为什么女人不开心，男人不满足·

男人结束一天的工作，走在回家的路上，他的内心是满怀期待的，希望有一个能理解他、懂得他的人在等他。在他进门的时候，那个人会跑过来犒劳他，拍拍他，抱抱他，给他端茶倒水、嘘寒问暖。

男人需要有人奖励他的劳苦，最好的奖励莫过于"饭在桌上，我在床上"。

现实却是：男人回到家，女人怒斥道："你怎么这么晚才回来?"——女人不知道，她只用一句话就把男人所有的温情打飞了。

男人忽然就没有心情了，不仅没心情跟女人亲热，甚至没心情搭理女人。

而女人此时也在抓狂。这么晚回来还冷冰冰的，好像全世界的人都欠着他钱。

因为，女人对男人也有期待。

女人在责怪男人时，她的潜台词是："喂，我在旁边呢，你不要忽略我好不好？"她在心底默默地念叨："过来抱抱我吧！"她默念了 800 遍。

默念第一个 100 遍的时候，她偷偷盯着男人的背影看了很久，决定不去打搅他；默念第二个 100 遍的时候，她决定把厨房收拾干净，把地拖完；默念第三个 100 遍的时候，她把男人的袜子洗了；默念第四个 100 遍的时候，她决定给男人端杯茶过去；默念第五个 100 遍的时候，她终于忍不住开口说："早点休息吧。"其实她的意思是：一起洗洗睡吧。

男人则常面带微笑或者无奈地说："不行啊，这个文件明天要交，马上就好啊！你先休息吧！"

男人说的是事实，而女人已经感觉到被男人拒绝了，无名之火噌地就上来了。

男人在完全不知情的时候已经犯下弥天大罪，而女人，在自己并不明白的时候已经激化了矛盾。

接下来的事情可能很多家庭都出现过，甚至很多家庭都不只出现过一次。

女人因为被拒绝而开始发作，或者做家务的时候摔摔打打，或者气鼓鼓地上床睡觉，或者将电视的声音开得很大。男人呢，则觉得女人真是不可理喻，刚才还好好的呢——让你休息是因为我心疼你，为你好，你反而闹事。

此时，如果男人开口，比如问女人："你怎么了？"或者烦闷地表示对女人的不满："你没事吧你？"女人的怒火就会被点燃，她可能会滔滔不绝地数落男人，而这种数落会是一场总结，她会将对男人所有的不满一股脑地回想起来，然后打包抛给男人。

男人会惊诧于她的记忆力和逻辑思考能力，甚至开始怀疑，为什么女

先有男人的愚蠢，才有女人的疯狂

人有这么多不满，是不是自己确实配不上她？

女人的埋怨从小到大，逐渐升级，从晚回家，赚钱少，不够温柔到房子小，车子不是她喜欢的牌子，最后得出结论：当初我怎么瞎了眼！

女人不仅能将这些事情想起来，说出来，还能总结归纳出它们的共同点以及最深的根源，最深的根源是：男人不负责任，或者不够爱自己，没有把自己放在心上，或者当初追的时候太容易了，或者男人的人品有问题……

然后，男人也终于抓狂了。就在刚才，他还觉得自己的女人如何温柔体贴、通情达理，给他倒水时，他还庆幸自己运气好，能把这样的女人娶到手。怎么仅仅几分钟的时间，女人的态度就发生了这样巨大的转变？对自己就开始这样评价？岂不是从峰顶一下子跌到谷底！

是的，女人无法正确地表达自己的想法。有时候，女人会被自己的情绪控制，变成一个完全陌生的自己，语无伦次地胡言乱语。

所以，有时候我敬佩生活中难得一遇，只在美剧中能邂逅的"熟女"，她们善于运用恰当的表达技巧，可以条理清晰、简单有效地表述自己的需求。

大部分中国女人，尤其是年轻的中国女人，欠缺的正是这种直截了当和坦坦荡荡的态度。

无论是因为生理本能还是思维习惯，女人总希望自己的男人是超人。他最好能明了女人内心所有的期待或者最隐秘的需求，对于女人灵魂的通道，进出如入无人之境。

女人期待的男人是：在他面前，自己不用说一句话，她的心思男人全都明白，男人的每一个小动作，都能点到女人的穴位上。所以，女人说话总是习惯于低调、保守、迂回、婉转，用男人永远不得要领的话语来暗示、期待、埋怨、指责。

女人不知道，其实男人在此时对女人的要求是：有话直说，说不出来就做。

结果这种"期待错位"让两个人开始南辕北辙。最终很可能让男人抓狂到恨不得自杀以谢罪，而女人恨不得把家都砸了，以排解内心或者身体的不爽。

男女明明需要一次推心置腹、亲密无间的正面合作，女人非要蘑菇、挖坑、埋雷，用尽打游击战的方法，最终发现，不仅没有实现自己的目的，还将男人拖进泥坑——自己也不能置身事外。

女人惯用的伎俩是：心里想的是 A（渴望得到的各种需求），表达出来是 B（对男人的各种不满），自以为能达到 C（男人被刺激后能更关注自己，积极提供情感或者性方面的服务），却没想到，结果往往导致 D（男人不仅闷闷不乐，甚至对女人避而远之），最后女人以为男人会做出 E（男人能证明对她的爱），结果男人做出的是 F（男人放言：惹不起我躲得起）。

女人喜欢声东击西，最后却自食其果、一败涂地。

相比于女人内心如此千折百回的纠结，男人的思维非常简单，男人在情感甚至性爱中，是"实证主义者"。他们没有能力、习惯或者心情去研究女人到底想的是什么，他们以为自己听到或者看到的就是事实。如果听到女人对他们表达不满，他们能感受到的就是不满意，不会推断或者联想其他问题。或许开始的时候会做几次证明，改进一些让女人满意；但是他们这样做是为了杜绝女人再次发泄不满，不是为了让女人形成途径依赖。他们不太容易接受女人以这种方式获得满足或者以各种计谋获取所需。在男人看来，女人的诱捕、压榨、威胁或者勒索，让他们非常反感。

所以，如果女人故伎重演，男人会觉得女人得寸进尺，他的"改进"不仅不能持续，反而会随时崩盘。

先有男人的愚蠢，才有女人的疯狂

男人不堪其扰之后，就会绝地反击："别说你对我不满，我对你也不满呢！"或者："你还想怎样？"

甚至干脆，认定女人是故意的，比如为分手找茬。

所以，很多情侣吵架，本来一场优质的性爱就能解决问题，结果变成男人因为无法忍受女人而逃跑。

最终男人和女人都没有给自己和对方机会，让彼此在互相了解中共同成长。

> 女人并不能确定，男人是否交出了固有的主动权。很多时候，女人仍旧期待男人把握主动。可是，男人已经退化了，而女人并没有百分之百进化，这导致男女之间经常出现期待偏差，甚至角色错位。

·女人陈述不清，男人理解有误·

俗语说："女人心，海底针。"曾经有人唱道："女孩的心思男孩你别猜。"

不知道是因为社会发展了，还是物种退化了，理性和文明似乎对男人的影响就是：少了男人味，多了娘娘腔。

表现出来则是很多男人猜不透女人的心思，却莫名其妙地等着女人来研究和迎合自己，希望自己脑子里还没想到，女人已经心领神会了。换句话说，男人的能力在变小，权威性在萎缩，对女人的期待在增加，而女人常常无视这种现实，仍旧对男人满怀期待。

女人并不能确定，男人是否交出了固有的主动权。很多时候，女人仍旧期待男人把握主动。可是，男人已经退化了，而女人并没有百分之百进化，这导致男女之间经常出现期待偏差，甚至角色错位。

女人常常对男人出言不逊，毫不客气地问对方："你是男人吗？"

这不是否认男人的性别事实，而是在提醒男人：不要等我强奸你！

有时候难免会缅怀一下古代的男人，他们用热烈的诗歌或者勇猛的金戈铁马，俘获女人的心灵和肉体。那个世界的男女才比较符合男女的生物本能。

我们的社会仍旧有父系氏族的遗痕，但是在婚姻和情感中，大部分情况下，主控男人之行为发展方向的，不是男人自己，而是女人。

男女经常遇到交流障碍，因为女人往往用自己习以为常的方式去表达，而男人往往用自己习以为常的方式去理解。

男女之间，有时候是朋友，有时候是敌人，有时候既非朋友亦非敌人，而是形同陌路，谁都不知道下一场交恶会发生在何时何地。

其实，男人和女人之间的战争随时都会发生，男人和女人随时都可能成为战争犯，也可能是受害者。

男人和女人的交流有时就像北极熊和南极企鹅。尽管他们都生活在极地，但是他们未必能真正相知，也很难真正互惠互利。

比如，女人会指责男人："你怎么老在家工作啊？"

一位投行律师自从业务繁忙之后，常受到这种指责，因此和女人闹了几年的矛盾，至今仍旧没办法解决。

男人以为女人是在指责他的工作，他无法接受这种指责。每个男人都希望女人支持他的工作，能帮他打字、制作 PPT，或者带好孩子，最好还能捶捶后背揉揉肩——因为此时他想的是：我这么辛苦，还不都是为了这个家，为了你吗？

此时此刻，女人的心里却是另一套思路。

女人以为男人可以胜任所有的工作，回到家里能够回复"家庭生活状态"，而"家庭生活状态"的重要内容就是多陪伴自己。

当男人把工作带回家，在女人眼里，男人不仅没有胜任他的社会角色，也没有胜任家庭角色，此时，男人的能力受到质疑，如果女人恰好有某些生理或者心理需求，双方就可能相互攻讦或进行冷战。

当女人连最起码的端杯水都做不到的时候，男人就会心灰意冷。他应对的办法要么是冷冷地继续工作，要么干脆怠工——或者，以后就在办公室里把工作做完，回家的时间越来越晚。

男人以为自己在妥协，在女人眼里，男人其实是在退步。经常遇到这种对话，男人为了工作回家晚一些，刚一进门，女人就发话了："你怎么回来这么晚！"

有时候男人是在工作，但是，有时候，男人是因为在家里无法获得关注、支持、体谅之类的情感，干脆滞留办公室。

滞留办公室的男人心底是有一些气愤的，因为在他看来，他之所以不愿意回家，是因为家没有足够的吸引力。这一切都是女人的错。

如果男人为了工作而晚归，他更加觉得无奈、委屈，他会痛恨女人的不通人情，甚至无厘头。他的逻辑很简单：他之所以回家晚是因为在办公室里把工作做完了，而之所以选择在办公室里把工作做完，是因为女人不让他把工作带回家……

于是，很多男人因为回家晚被女人责怪，心怀怨恨和委屈，但是又不愿意直接跟女人发泄，只好闷在心里，实在憋不住了，就找个同病相怜、有同样疑难杂症的哥们倾诉一下。

先有男人的愚蠢，才有女人的疯狂

女人无法获得满足的重要表现就是：一边伪装高潮，一边在看韩剧时暗自垂泪，一边找茬跟男人吵架，挑男人的刺，或者干脆闹事，说男人不够爱她。

·男人拜师 A 片，女人意淫韩剧·

女人总觉得男人不太了解她，就像白天不懂夜的黑。

在恋爱的初始阶段，能打动女人的往往是男人未必理解的东西。这就是爱情的感觉。

女人都是读言情小说或者看爱情偶像剧长大的，从当年的琼瑶，到后来的韩剧，再到现在的穿越剧，女人对情感永远都在幻想，都在奢望。仿佛自己就是剧中的女主角，让诸多成功的男人为自己痴狂——即使自己比金三顺更胖，年岁更大，也不能阻挡她的梦想，即遇到一个多金、温柔且有点小坏的白马王子，从此过上想了八辈子的生活。

言情小说和韩剧之所以深受女人追捧，就是因为，它们给了女人恋爱的感觉——它们不仅知道女人需要什么，还给了女人无数的幻想，让女人觉得这样的梦想触手可及。

我个人就很欣赏韩剧的导演和编剧的水平，他们有明确的市场定位，并且能够挠到女人内心最痒的那根弦儿，所以，他们想让女人哭，女人就会眼泪汪汪；他们想让女人笑，女人就会笑出声来。

韩剧中的爱情才是女人梦寐以求的爱情。

男主人公一定是帅气、多金的，女主人公大都稀松平常，要么是金三顺这样，除了一颗傻大姐的心，别无所有的剩女；要么就是单眼皮女生，面对一个传统的大家庭，管自己老公都得叫"大叔"；要么就是《浪漫满屋》这样的，一个"笨鸟"女生要和一个亚洲偶像男主角生活在同一个屋檐下；或者是最经典的谁拍谁赚，谁演谁红的《流星花园》，财大气粗的叛逆小开男，非要喜欢一个土包子村姑、倔强的杂草，还要为她争风吃醋，比赛斗法。

总之，女主人公不需要多么漂亮，像《那小子真帅》中的主人公就好；不需要有多么聪明的大脑，像《浪漫满屋》里的笨鸟就行；不需要什么家世背景——一切在生活中无法被社会接纳和认可的性格特征，到了韩剧中，就会变成对男主人公极具杀伤力的人格魅力。

所有的女人都希望自己是男主人公心中的至爱、掌中的宝贝，幻想着这个从天而降的白马王子将她从这个危险的星球拯救出去，从此他们就可以过上没有房价压力，没有老板眼光，没有情敌身影，甚至没有体重噩梦的完美的梦幻生活。

这种电视剧不仅是爱情剧，更是励志片，似乎在告诉所有女人：不要沮丧，幸福早晚会来敲门。说不定哪一天，你就会遇到一个打着灯笼也难找的男人。

很多女人和剧中人一起哭一起笑，并且觉得，自己简直就是剧中人

先有男人的愚蠢，才有女人的疯狂

啊！似乎男主公对女主人公的所作所为，比如那把求婚戒指放在蛋糕里的浪漫，或者在雨夜里伫立 12 个小时就为女主人公多看他一眼的痴情——都是对自己做的！

而另一部分韩剧，估计是走《野蛮女友》路线，女主人公是典型的"作女"，而男主人公是典型的"瓯男"，在女主人公面前表现得唯唯诺诺、百依百顺。因为深爱着对方，即使接受拳打脚踢也甘之如饴。

就像男人喜欢读讲述创业故事的图书一样，他们在阅读中实现了一次对成功身临其境的体味；女人，则是通过这种匪夷所思的电视剧实现了一次对爱情的意淫。

据说韩剧不仅是年轻姑娘的最爱，连诸多中年妇女也追着看，并且哭得一把鼻涕一把泪的。可见，即使女人青春不再，年华老去，她们的心思或者她们的期待依旧单纯简洁。或者，无论她们经历过什么，她们都会很自然地认为自己的身体仍旧圣洁。

而且，一个很有意思的细节是：韩剧中的女主角基本上是没床戏的，在韩剧中有床戏的女人，要么是三线的角色，要么就是反面！

这一点，不仅符合年轻女孩的心理，连中年女性也大为推崇！

相反，男人则是看 A 片长大的，他们在青春期的时候就看 A 片，并且看到 A 片男主人公勇猛地直奔主题，就以为那是女人需要的和喜欢的。

让他们兴奋的不是繁冗的细节或者缓慢的情绪铺垫，而是天使脸蛋魔鬼身材带来的销魂一刻，他们甚至不在意女人的品位、学历、身世，因为他们需要的是 A 片主角，要么不穿衣服，要么穿的衣服纯粹是为了满足视觉或者生理快感的。

当女人看 10 集电视剧就为等一个接吻的时候，男人已经和 A 片中的主人公销魂了无数次了。

就像女人想去海边看夕阳，而男人可以直接拿出一张照片说：这就是

男人靠得住，女人能上树

海边的夕阳。对于性，女人要的是一期一会的功夫茶，而男人要的就是肉夹馍或者快餐盒饭。

所以男人一直到老都关注尺寸或者持续时间之类的问题，甚至和 A 片男主角比较强度，很多男人做了几年甚至几十年的爱，都不知道女人的兴奋点。这导致很多女人必须伪装高潮，以"满足"男人。

调查显示，有 80% 的女人有伪装高潮的经历，甚至有 60% 左右的女人号称自己没有过高潮——男人大多时候希望女人达到高潮，还会因为女人高了而沾沾自喜，其实究竟是怎么回事，只有女人自己知道。

男女的差异有时候就像中国电影和好莱坞大片的差异。好莱坞大片，即使最后就是为了兜售一个英雄主义主题，或者一个人文理念，在过程中也会吊足你的胃口。在小细节的处理、小情绪的挑逗上非常到位，让你哭，让你笑，给你惊喜。而中国电影，看了开头你就非常到位地知晓哪个是好人，哪个是坏人，哪个该死，怎么个死法。

中国电影就和中国男人一样，剧情还没有开始，就已经知道结果了。他们甚至不愿为了让大家多笑一声而做一些细节修饰。他们的目的性太明显，丝毫没有贯穿始终的娱乐精神，既不愿意娱乐自己，也不愿意娱乐对方。

很多女人抱怨男人：没别的事，就那点事儿。因为男人们都在学习和模仿毛片中的男主角。

但是显然，他们不是毛片中的男主角。

女人无法获得满足的重要表现就是：一边伪装高潮，一边在看韩剧时暗自垂泪，一边找茬跟男人吵架，挑男人的刺，或者干脆闹事，说男人不够爱她。

其实男人不知道，女人需要漫长的前戏，这种前戏可能是从分别后第一个温存的问候开始，一直到见面时的小调情，然后顺利地让女人打开心扉和身体，进入状态。

> 每个女人都希望自己身边的男人了解自己的一切，在任何糟糕的境况里都能解决所有问题，带领自己勇往直前——很显然，男人也需要这样的"超人"女友或者老婆。

·男人喜欢直捣黄龙，女人喜欢兜圈子·

弗洛伊德 1905 年在《性学三论》一书中提出一个概念，叫力比多。他把性欲与自我保存本能做了对比。力比多是指一种与性本能有联系的潜在能量，该词开始指性欲或性冲动，后扩展为一种机体生存、寻求快乐和逃避痛苦的本能欲望，是一种与死的本能相反的生的本能的驱动力。弗洛伊德把它看作是人的一切心理活动和行为的动力源泉。

男人和女人，生理上有很多差异，这些差异不仅导致社会分工的不同，也导致男人和女人在心理、行为方式、思维习惯等方面有很大差异，在很多时候男人和女人是无法互相了解的。

男人和女人像是来自两个星球的生物，他们之间的语言、心理经常出现矛盾——不是因为问题有多大，即使是很小的问题也可能无限升级。

最终，仍旧互不了解。

一位男性好友，做了十多年管理咨询工作，号称是"企业的医生"，能解决企业存在的所有问题，但是对于自己的问题却一筹莫展。在家里，他的女人总是不停地唠叨、抱怨，几乎在所有事情上都让他无所适从。

比如要孩子的事情。

是她提出该要个孩子的，可是有一天他准备好跟她要孩子的时候，她忽然脾气大变："你现在这个样子，让我怎么要孩子？以后怎么养？"

又比如，逛街的事情。她好几天前就说，家里很多生活用品已短缺，得去超市一趟了，他说"好的"，并给她开出一张清单。

大约过了两周，不仅他需要的东西她没帮他买到，连她自己需要的东西也没有去买。无奈之下，他只好自己下班后去超市，结果等他拎着东西回家，她却抱怨，为什么不给她买东西？

他觉得自己很冤枉，而她却一直抱怨他心里没有家，没有她。

在工作中，他也遇到类似困扰。

他手下有一支娘子军，所有的女人都会提出一些创意无限、让他眼前一亮的方案，很多方案经过论证后完全可行，可是再过一个星期或者一个月，竟然没有人再次提起这些曾经轰轰烈烈的方案。

女下属们答应或者承诺去做的事情，经常无法兑现，而且会不停地出乱子让他去善后。

在男人眼里，女人办事没有效率，说话出尔反尔，是没有契约精神的，是情绪化的，甚至是不讲理的。

有一个律师朋友现在就被这样一个女人害惨了。他经营了近十年的律师事务所和另一个律师事务所谈合并，当初谈的前提就是一条：不要女人作为合作伙伴。可是现在，他们"死"在一个女人手上。

因为他们即将进入的这个律师事务所的主任是一个"更年期"女人，在合并之初这个女人并未露面，可是当他们带领团队进入这个事务所之后，才发现好多文件必须经过她签字，而她，因为早期被忽视，宁愿中止合作，也不作让步。

五个大男人，都有十年以上律师工作经验，有两个还有海外留学经历，就这样栽在一个女人手里——其实是栽在他们自己手里。

很多男人在合作中坚决地秉承一条原则：不跟女人谈合作。

男人和女人有天然的性别差异，这种差异往往导致社会分工差异。

早在父系氏族社会，男人的社会分工是出去打猎，男人的思想和行为多与"攻略"有关，女人则负责"守成"与后勤，导致女人的思想和行为渐渐趋于保守；而男人则会显得更直接、更明确，也可能因此不够全面，所以在女人眼里，男人常常毛手毛脚，顾头不顾尾，让女人觉得危机四伏。

还记得电影《欲望都市》的开头部分，专栏女作家和 MR BIG 讨论结婚的过程吗？

专栏女作家去参加一个拍卖会，拍卖会是一个模特拍卖私人物品，这些物品多为一个曾经迷恋她的富翁所赠；在拍卖会的间隙，专栏女作家了解到，这个模特和富翁分手的过程，是忽然有一天模特回家，被关在了门外——男人决定分手，女人被扫地出门。

于是女作家有了危机感，认为一份感情，无论看起来多么美好，或者曾经多么甜蜜，如果没有财产权作为保障，很可能随时失去，毫无保障——而财产权的获取有几种途径，一是结婚，二是共同拥有房产等不动产。

专栏女作家说了很多兜圈子的话，包括要卖掉自己的公寓，和 MR BIG 一起买一套公寓等等——而 MR BIG 像所有正常男人一样，看着她绕了半天弯子之后，果断决定：结婚。

男人靠得住，女人能上树

男女社会分工的不同导致思维习惯的不同，男人喜欢决断，女人喜欢铺垫。

女人在说一件事情的时候，会兜很大很大的圈子。

对此，《我的盛大的希腊婚礼》中，一个妈妈级人物给出了另一种诠释：男人是这个家的头，而女人是脖子，头往哪里转，要听脖子的。但最终的决定，是头做出的。

有一位男性朋友遇到一件事情，为此甚至怀疑如果不是自己的智商有问题，就是女朋友的人品有问题。

这个男人经营着一个外贸公司，经过三年努力，事业走上正轨；和女朋友在三年的朝夕相处中肝胆相照，感情稳定，已将结婚提上议事日程。

有一天他的女朋友请他吃饭，聊天聊到她弟弟身上。

女人说她和弟弟从小一起长大——男人以为她只是想与他分享自己的成长故事。女人又说，弟弟对她有过什么样的帮助——男人觉得她的弟弟还不错，而且好像挺有本事的。女人继续说，弟弟如何努力，现在遇到困难了，需要帮助。这个时候，男人尽管已经被她说晕了，但还是感觉自己应该提供帮助甚至都准备给朋友打电话，让朋友准备现金了。结果女人又说，自己不应该向男人开口，自己不愿意给男人添麻烦。烛光摇曳下，男人觉得这个女人真会体谅人，而且自己最近确实资金紧张，看到女人说得诚恳，男人觉得女人说得也有道理，那就按女人的意思办吧。

然后男人摸着女人的手说："谢谢你如此体谅我！我相信你弟弟一定会渡过难关的。"

结果当天晚上，女人因为很小的一件事跟男人发生了争执，半夜三更独自跑出去了。

其实，女人想表达的意思是：她需要他的帮助，但不愿明说。

她以她的方式表达了，男人呢，也以他的方式听取和判断了——结果男人以为女人不需要他的帮助，而女人觉得男人本来就无心帮助。

女人永远都会兜很多圈子，做很多铺垫，这个过程会让男人觉得很纠结。而且女人所做的铺垫往往不是往一个方向上延伸，如果女人想穿高跟鞋，她一定会阐述不该穿高跟鞋的理由——此时男人已经相信了这些理由，以为她不会穿高跟鞋。如果一个女人想吃火锅，她很可能先问男人想吃什么。或者，如果她觉得吃火锅不是很合理，但是仍旧想吃，她会说很多不该吃火锅的理由，流露出几分她并不想吃火锅的情绪——男人此时已经以为她不会吃火锅了，正常情况下就会给她很多建议，或者准备带她吃点别的。此时，想吃火锅的她就会抱怨，男人不了解她。

一旦遇到这样的事情，男人会觉得只不过是吃一顿饭的小事，而且自己之所以误读，是因为女人老颠三倒四；女人却会坚定地认为自己从一开始就想吃火锅，男人之所以误读，是因为他从来都没有了解过自己，在意过自己，于是从一顿火锅联想到男人送的第一份礼物不怎么称心；从第一份礼物不合意想到男人的身高、职业和收入，最后女人会得出一个结论：他根本就不爱我。或者，他根本就不适合我。

站在一旁的男人比窦娥还冤：说火锅不好吃的人是你，说不应该吃火锅的人是你，因为你不想吃火锅，所以我才建议吃别的——我哪里错了？

女人并不知道，男人的思维简单、直接，恨不得女人的每一句话都能说到点子上，比如：我想借钱，我想吃火锅，我想穿高跟鞋。女人却不这么想，每个女人都希望自己身边的男人了解自己的一切，在任何糟糕的境况里都能解决所有问题，带领自己勇往直前——很显然，男人也需要这样的"超人"女友或者老婆。

大家都需要，谁都说不明白，谁都做不好。

男人靠得住，女人能上树

> 女领导特别愿意听取各方意见——很多能力不够的女领导，就是因为听了各方意见，权衡了各方利益，结果什么利益都没有保住。为此女领导像所有女人一样，觉得自己很委屈。

·男下属遇到女领导的悲剧·

如果一帮男人碰上一个女领导，一定苦不堪言。

每一个女领导都是魔头，无论她们是否穿 PRADA。

在女领导眼中，男下属浑身上下都是错误，从鞋子没擦干净、胡须没刮干净、头发没理好，到出门带的包和见的客户不搭配，再到提出的方案中有几个错别字，甚至到最后和某位客户说话的口气不对，都是问题。

所以，如果某个单位有一个女领导，那么可能出现的情况是，开会时互相埋雷，讨论时互相指责，原本要定一个决议，结果决议没定，所有人都心怀不满或人人自危。

能做到民主集中的女人很少；女领导要么特别独断专行，要么特别优柔寡断，女领导经常该断的时候不断，不该断的时候又乱断。

其实女人只想把事情做得更好，女人对于"改进"这一关键点，总是特别看重。在她们的逻辑中，必须认识到错误才会有所改进，而错误一定是性格、气质导致的——所以，有时候女人的逻辑很可能变成：一个男人如果连续错了 3 个标点符号，问题的根源在于他是在冬天出生的。

当女人纠缠于"根源"的时候，在男人看来，她就是在揭老底，就是在质问和为难别人，而不是想解决问题。

女人有时候很幸运地能找到问题的根源，但是却解决不了问题。

女人害怕出错，尤其害怕出错之后被人议论，害怕因为没有权衡各方利益而被孤立。

于是女领导特别愿意听取各方意见——很多能力不够的女领导，就是因为听了各方意见，权衡了各方利益，结果什么利益都没有保住。为此女领导像所有女人一样，觉得自己很委屈。她会找领导去辩解。

女人在辩解的时候，都会说自己是无辜的，或者认为自己做得对，如果做得不对，起码自己的出发点是好的。总而言之她是没错的，就算她事实上错了，她的出发点也是没错的。

所以，让女领导说"对不起，我错了，我立刻改"是非常难的。

如果在工作中，一个女领导对自己的错误"不解释"，我们发现生活中的她似乎也少了一些女人味。

> 刹那间，生活中原本不被重视的 N 多细节，一股脑地都涌上心头，这些之前她一直觉得无足轻重可以容忍的事情，此刻都成为这个男人自私的证据。

· 男人眼里是小事，女人眼里是大事 ·

网络上有女网友写帖子说，自己决定和一个男人离婚，就是因为一盘香葱炒鸡蛋。两个人从外面回来，都是又饥又渴，家里只有 4 颗鸡蛋，女人就用香葱炒了，放在桌上，离开了几分钟，回来之后发现男人已经将所有的鸡蛋都吃掉了，连香葱都没给她留下。于是她觉得这个男人心中没有她，并不爱她。

于是她决定离婚——导火索只是一盘炒鸡蛋。

我相信这个网友写的是真实的故事，因为我身边就有一个女性朋友，她离婚仅仅是因为一包盐。

早晨临出门的时候女人叮嘱男人，今天记得去买一包盐，男人答应了；晚上男人回家忘记带那包盐了，女人没再问，想想自己辛苦一天还要给他做饭，而他连一包盐都记不得带回来，那大家都吃淡菜吧，于是少做了菜并且少放了盐。

男人一吃觉得味道不对，就跟女人发火："做菜连盐都不放，想不想给人吃啊？"

女人火气更大："让你带包盐回来，你不带，怪谁啊？"

男人反问："你就不能自己下去买一包？"

女人说："你连一包盐都买不来，要你干吗啊？"

于是两个人在这种争执中不断指责对方，争执终于升级为争吵，争吵终于演变成决裂的起点。

刹那间，生活中原本不被重视的 N 多细节，一股脑地都涌上心头，这些之前她一直觉得无足轻重可以容忍的事情，此刻都成为这个男人自私的证据。这个男人夜里从来没给她盖过被子，从来不主动接她下班，从来没有送过她贵重的礼物，连窗户玻璃坏了这样的事情他也从不过问——甚至他的钱都不交给她保管。

女人想到了诸多男人不作为的细节，比如买房子的首付是她出去借的，男人的工资不比她高，花销却比她大，她的钱不仅用来养家，还用来还房贷；从来没见过男人看过一本书，每天就是坐在电视机前看娱乐节目；男人的事业始终没有起色，工资三年来从没涨过；男人从来没有主动地做过一顿饭，洗过一个碗；男人从来没有带她出去旅游过，而她好不容易报名参加了一个家庭游，结果男人的表现让她大失所望。

男人也想到了女人诸多让他无法接受的细节，女人从来没有陪他看过电视，每次过问他工作上的事情总是颐指气使，每次他好不容易躺在床上轻松一下，女人总是乱发脾气。

他们吵了两天，终于去民政局办理了离婚手续。

❹ 爱自己，和谁结婚都一样

——升级自我魅力，我为我而活

> 他期待的家庭生活，最好是饭来张口衣来伸手。回到家沙发上一躺当大爷，别人最好端上洗脚水还顺便捶背，洗脚水添热水或者茶杯添茶水是要有人伺候的。

·丢掉"贤妻良母"的十字架·

贤妻良母是所有男人的期待，男人对贤妻良母的要求也大同小异。

有一位专攻并购的律师，37 岁，是业内的佼佼者，自称是最典型、最传统的中国男人。他百思不得其解的是，为什么自己身家千万却找不到一个贤妻良母。

问他："你觉得什么样的女人堪称贤妻良母？"

他说："男主外，女主内。自然是能料理好家务的了。"

继续问："是不是男人进门的时候已经有人泡好茶，回家的时候餐桌上有饭菜，睡觉的时候身边有人，早上起床的时候衬衫是熨好放床头的？"

对方说："当然不止这些事情。"

我问："事情都别人做了，你需要做什么呢？"

他说："我来赚钱养家啊！"

相信持有这种观点的男人不在少数。但是他结婚两次，对两个老婆都不满意。他想离婚，理由很简单：我在外面忙碌了一天，回到家连一杯热茶都喝不上！或者，她在家里什么都不做，连个衣服都洗不干净，熨不好！

他期待的家庭生活，最好是饭来张口衣来伸手。回到家沙发上一躺当大爷，别人最好端上洗脚水还顺便捶背，洗脚水添热水或者茶杯添茶水是要有人伺候的。

如果他在外面不开心，回到家，老婆一定要想方设法安慰他，千万不能雪上加霜；如果他在外面遇到麻烦，老婆一定要协助他应对，绝不会让他感觉到任何压力。

"你是我老婆啊，所以我才这样。"

"因为我们是最亲近的人啊，所以我在你面前才会如此放松。"

当然，这世上确实有一些女人，乐于成为贤妻良母。

她们恐怕未曾注意，男人给女人贴上贤妻良母的标签后，就要进行"品牌勒索"；而女人一旦中计，就会当一辈子包身工——就像背上荆棘十字架，视之为本分、信仰，还必须做到完美。

认识一位阿姨，可谓是大家钦佩的"贤妻良母的典范"。她结婚 35 年，跟老公有同窗之谊，在特殊年代，她曾经把他从濒临自杀的危险境况中拯救出来，并且在年轻的时候就充当了他灵魂的导师。他在当地工商部门工作，45 岁便当上了局长。

这位贤妻良母不仅是他灵魂的导师，更是他生活上的"保姆"，她的婚姻状态是这样的：丈夫饿了就会叫她，她就会把饭盛好送到他手上，如果饭菜咸淡不合适，对她来说就是失职；男人爱看电视就看电视爱参加饭局就参加饭局爱搓麻就搓麻，在外面不顺心，回到家里老婆一定要温柔体贴，如果不够体贴，那一定是老婆错了，可以找老婆发泄的。

男人在外面受了委屈，她是他的心理按摩师；男人在外面春风得意了，她是他的忠实粉丝。不管男人遇到什么事情，她都是第一个支持与协助的力量，她永远能像对待3岁的儿子一样对待男人。

这位阿姨的确有圣母倾向。即使老公和两个儿子在家，也永远是她一个人在忙，老公和儿子做不好的事情，她会偷偷地跟在后面收拾残局。

只是，生活就是生活，总有残酷的一面。她快60岁了，老公的钱不归她管，房子不在她名下，儿子也不听她的话。

这位阿姨至今不明白：这样的男人为什么谁也不爱，只爱他自己？他爱老婆的方式是可劲儿地使用——他爱你，等于爱上一种工具。就像男人爱车，就要使劲儿地开，修，那可不一定会。

想起了美剧《绝望主妇》里的女主角"完美主妇"Bree，她把所有的家务都做到完美——但是其实她的老公需要的是"不那么完美"，甚至希望看到她"头发凌乱"的样子。最终，他和别人偷情。

不要以为这种事情只在电视剧或者电影里有，去年，一个女友忽然满腹愤慨地说，没想到这位阿姨的老公是那么龌龊，把她雷得焦煳难当。

原来，他的两个儿子都30多岁却没有结婚，导致这位老爷子想抱孙子的愿望落空。儿子们不听老头儿的话，经常吵架吵得老人家很绝望，现年59岁的他即将退休，做了一辈子公务员很难接受退休后的生活，这位女孩正好是他关联单位的工作人员，两人经常有工作上的联系。

原本女孩只是将完美阿姨的老公作为长辈、领导和合作伙伴的，忽然有一天，老爷子在绝对没喝酒的情况下，坐在车后座上跟她聊天。

他先聊自己退休后的清闲、烦躁与恐惧，然后说出了一个貌似试探，其实一听就知道他必定想了很久的想法：他希望跟她生一个孩子，他来抚养，作为报酬，他会将名下的一处房产送她。

女孩惊诧异常，落荒而逃，讲述的时候仍旧压抑不住干呕。

不能说这位阿姨以及很多倾向于做完美主妇的女人有什么错误，但是，

男人靠得住，女人能上树

就算你做了男人期待的事情，等你做好之后，男人会发现其实他所期待的不是你做的那些事情。

    诚然，有一部分女人生来就具有贤妻良母的潜质，在婚姻生活中，她们必须不断地努力。如果她们不努力，男人是不会改变自己适应她们的——那么她们的婚姻生活和爱情理想就会破灭。

    于是在双人擂台赛似的婚姻生活中，女人渐渐地走进一个最狭窄的困局：她所有的努力是种投资或者筹码，她想通过努力获得老公的认可和疼爱，获得儿子的尊敬，但是最终，大家都视她的努力为理所当然，几乎忘记她需要什么了——结局就是，她累死累活，是必须的；别人随心所欲，也是理所当然的。

    我想，如果老爷子得逞，真搞出个儿子，老太太知道了，他肯定有一番说辞：你看，我退休后这么清闲，你的儿子也不给我整出个孙子来……你总不想让我闲得生病早死吧……

    我的一个男性朋友，是国内某号称只做完美项目的房地产公司的办公室主任，出于工作需要，时常有应酬。在他看来，他为了家鞠躬尽瘁，而他的女人却不通情理。每次和老婆闹矛盾，他总忍不住找哥们倾诉，他的哥们都觉得他的老婆不合格，他的要求不过分，他常用的语句是："我在外无论多难从不找她诉苦，回到家就想吃一口热乎饭！"或者："别人不理解我、不体谅我还情有可原，连她都为难我？她是我老婆，难道这一点都做不到？"

    他说的"这一点"包括：回来晚，应酬多，酒后吐了一地，衣领上有别人的唇印——甚至忽然有一天外面还有一个小孩需要认祖归宗……都是不得已而为之，对方应该体谅与支持。

    看看，男人都当自己是"可爱多"，无论做任何事情都希望对方接受、认可、欣赏、赞扬、支持——绝不反对。一旦女人反对或者批评他们的所作所为，他们就会奋起反击。在他们的逻辑里，女人反对他们是因为女人不够懂他们，不够爱他们，不知道他们需要什么……

即使有一天他们出去嫖娼，一定也是工作需要啊，没有感情啦，自己老婆在床上像死鱼啊，男人都是喜欢寻求刺激的啊——诸如此类。就算是找了小三，也会说："男人嘛就是喜欢玩玩啊，大家都有我没有多没面子啊……"总之，他们永远没错，如果他们犯了错，那一定是全天下的男人都会犯的错——既然全天下男人都会犯，那么这个错也就没什么大不了的。

如果你跟他死磕到底，他说不定会赖到你头上，说他之所以找小三是因为你过于强势、霸道，或者在床上像条死鱼！

查阅资料时曾经看到一则报道，说日本有位企业家，在老婆70多岁的时候，将外面的私生子抱回来，让老婆抚养长大。所以，相信很多男人都有这个本事，如果忽然有一天他们领回来一个私生子，他一定是希望你能够视如己出的。

想起一个听来的故事，估计是朋友的朋友的八卦。一女的喜欢一男的，男的一直觉得女方没有女人味，女方百般争取，后来男人说："你胸小，而我喜欢胸大的。"

女人于是就去隆胸了，隆完了再来找这个男人。

男人似乎来了情绪，开始试着和她交往。结果不到两个星期，男人终于扛不住了，他说："一想到你的胸是假的，我就无法接受！"

看，男人把女人带上不归路，最后还要赖到女人头上——而这一切，需要女人买单。

如果面前有两个女人，一个穿塑料围裙，另一个围裙下面的睡衣里是红色或者黑色的丁字裤——且不论睡衣到底是怎样的质地，怎样的款型，如果你是男人，哪一个会让你动心，情不自禁？

·换个围裙还是换个男人·

曾经有一句话说：你能想象围裙下面穿的是丁字裤吗？

这句话原本是想打破男人的幻想，让男人不要对女人抱有太多期待。

我们常见的主妇形象就是系着围裙、蓬头垢面，忙得团团转，甚至因为忙碌而变得大嗓门、急性子。一个女性朋友就这样，对此她很无辜：有干不完的事，忙了一天回到家，还要买菜，要为一家人做饭，等他们吃完了，还得打扫厨房……几乎没时间坐下来休息！

看着她"主妇态度"的脸，我忽然有一些茫然，似乎对她来说，生活基本就是受罪了。

令人难以接受的不是她的忙碌以及对忙碌的抱怨，而是——就算你下厨，是不是可以穿一件漂亮一些、可爱一些的围裙？

就算你忙碌，能不能不要披头散发，不要让头发那么马虎地缠绕在一起？就算你忙碌，能不能不要这么气急败坏？

如果厨房让你不开心，那你就放弃厨房吧！

就算是下厨，有的女人也有独特的方法，让她们在下厨的时候依然是天使、是花蝴蝶、是快乐的小鸟。

我认识一位属于婚内人士的女性朋友，她说她做饭的时候经常穿着黑色蕾丝边内衣，养成习惯之后发现自己换个装束，比如正常的睡衣或者围裙，很可能发挥失常。这导致她的男人经常周末睡眼惺忪起来到厨房找人，然后直接把火关掉把她抱回床上。

那么后来呢？如果你觉得那顿饭他们肯定没吃上，觉得那个女人没有完成一个厨娘的任务，你的思想就有点太僵化了。

后来，他们美美地补了一觉，起来已经下午了，然后她继续做饭，可能这次她穿的是他的衬衫。

或者她没做饭，他起床给她煮了鸡蛋热了牛奶，等她打扮得漂漂亮亮，他们一起出去吃大餐了！

还有一位女生，早上起来下厨，总习惯三点式直接套上围裙。她的围裙是时装的一部分，漂亮、可爱、时尚——而且，她会像洗贴身衣物一样洗围裙，以至于贴身穿的时候，围裙散发着柔顺剂的清香。

如果围裙可以这么穿，那么厨房和卧室、书房、电影院有何本质区别呢？

韩寒不也写文章说吗？美食比不上美器，美器比不上美厨娘。一向犀利、尖锐的他，用大大的篇幅描述他的妞儿为他做的一顿早餐：他的妞儿穿着香艳的旗袍丁丁当当地在厨房，给他留下一幅记忆深刻的家庭生活的画面。他是一个粗心的人，连自己的钱包手机都经常找不到，却还记得她绾着怎样的发髻，脚踝上的铃铛发出怎样的声响，记得她提供的是怎样的一杯水，以及怎样帮他把手指一根根擦干净。

如果她蓬头垢面地端来一大碗炸酱面，他见到她围的是一件黑糊糊油腻腻的围裙，他还能写出这么一篇羡煞旁人的文章吗？

女人们，切记不要穿那些赫然印着××棉纺厂字样的围裙，弄得自己像包身工一样，即使不是面有菜色，也是愁云满面——本来做饭也不是缴地主家的租子，何苦摆出一副苦大仇深的样子，弄得别人吃个饭像欠你二五八万似的呢？

我无法容忍一个朋友，她的围裙除了化纤材料的，还有塑料的！好吧，在看到她围裙的那一刻，我脑海中出现的不是美丽的女主人，而是，艾弗森石油公司的工人，穿着那种橡胶连体衫，在石油里泡着。

据说这是石油泄漏事件后，最恐怖的复活节形象了。

穿围裙是为了下厨——可是下厨是为了什么呢？是为了喂饱自己或者喂饱对方吗？如果是那样，干吗那么辛苦，订餐多好，KFC、麦当劳、必胜客，到处都是定时宅急送啊！如果你们的生活内容仅仅限于填饱肚子，那泡方便面多好，品种多、味道好，还有很多名人做广告。

所以，有时候也不要一味地埋怨对方，觉得自己如何如何付出，对方又如何如何狼心狗肺。

还记得《爱情呼叫转移》第一部的开头吗？厨房里吱吱啦啦的声响，男人很没动力地往家走，见到老婆，争吵就开始了。

徐峥扮演的男人固然是个闷骚男，可是，女主人公是不是也不小心让人审美疲劳？——永远的炸酱面、电视剧，电视剧、炸酱面。吃面的时候永远吸溜着嘴，永远穿一件紫色的毛衣，如果一个女人的生活，炸酱面、紫色毛衣、电视剧都是常态，你能指望她围裙下面有丁字裤吗？你对她还有想象空间吗？

当一个女人被对方视为"永远如此"，毫无想象的空间时，就成了一个无趣的物体，很可能被更没品、更无趣的男人嫌弃。

别人如何看不重要，重要的是你自己怎么看。如果有一天你变得了无生气，失去吸引力，生活成了日复一日的重复，毫无新意，你会开心吗？

如果面前有两个女人，一个穿塑料围裙，另一个围裙下面的睡衣里是红色或者黑色的丁字裤——且不论睡衣到底是怎样的质地，怎样的款型，如果你是男人，哪一个会让你动心，情不自禁？

如果你有兴趣，可以问问你身边的男人——如果你从没这么做过，那就不要问你的男人，免得他撒谎。问一个你熟悉的愿意和你说真话的男人，比如同事、异性好友，或者弟弟。

女人这么做完全是为了男人吗？错！其实很多时候，我宁愿换个男人，也不愿意让自己变得面目可憎。而且我相信，我总能找到一个适合我的男人。换个男人还是换个围裙，或者偶尔在围裙下面穿个丁字裤，由你决定。

很多女人的人生理想就是，找一个人，日子再忙也要一起吃早餐。可以做好了把早餐端到他床头，也可以一个负责煮鸡蛋一个负责热牛奶，或者一个负责煎鸡蛋一个负责切面包。

·早餐里的情爱玄机·

口腹之欲，这个词其实很合逻辑、很香艳，让人想起一句俗语："男靠吃，女靠睡。"

如果女人不让男人吃好，男人就没法让女人睡好——大家都是成人，其中的含义，你懂的……

夏天和几个朋友去北戴河玩，晚上开车早上到，吃完早餐，其中一对夫妇中的丈夫对妻子说："还记得我们多久没有在一起吃早餐了吗?"女方想了想撒娇耍赖糊弄过去了。据男方说，这是他们认识以来第三次一起吃早餐。

很不幸，这对夫妻回京没多久就开始闹离婚。

刘若英唱道："日子再忙，也有人一起吃早餐。"

对于单身已久的男女，最向往的婚姻生活也不过如此了。

每当遇到单身人士半夜打来电话，我一下就能猜出，他一定是遇到寝食难安的事情了。他的一番倾诉之后，我总是像大妈似的送上一句附注语："好好吃饭，好好睡觉。"

电话那头的人太过真实，总忍不住来一句："哪那么简单？"

可能真没那么简单。但是转念一想，有多复杂呢？

蔡琴在《白发吟》中有一段对白：当一个人二十几岁的时候，下定了决心结婚，然后不知不觉你就已经七十几岁了，这个时候再回头看一看身边那位满头白发的老伴，你突然发现，原来你们两个已经在一起吃过了五万多顿饭……五万多顿——其中应该有三分之一是早餐吧？

这是一个什么样的时代，一种什么样的生活状态？原本每天都可以实现的事情，对双方来说竟然成了一种奢望？

为什么有这么多人，忽略甚至漠视了人生中最重要的谈情机会？为什么有这么多人，放弃甚至辜负了平凡人生中最简单又最美好的恋爱方式？

很多美好的爱情都是从早餐开始的，记得电影《史密斯夫妇》吗？两个专业而冷血的职业杀手意外相遇，情急之下化装成情侣，然后睡在同一张床上……（此处省略3000字）早上，女主人公在阳光下睁开眼，发现男主人公殷勤地端来早餐。女主人公脸上顿时绽放出幸福的微笑。

早餐，让两个以杀戮为生的人变得如此温情脉脉、回归生活。

如果没有那顿早餐，没有早餐里传递出的情意与信息，电影情节该如何往下发展？

当冷酷、神秘的杀手，遇到简单、温暖的早餐，多彩的生活、玄妙有趣的事件、惊心动魄的剧情终于和生活接轨——这两个杀手一点都不冷。

有一个男人，觉得自己深深爱上女友的那一刻，是在某个早晨醒来，

男人靠得住，女人能上树

听见她在厨房里哼着歌曲做早餐，然后，似乎真有心灵感应，她感觉到他醒来了，蓦然回首，给了他一个超级温暖的微笑。他永远记得那个清晨，一束阳光从她背后照过来，照在她的头发上，散发着某种圣洁的光辉，晃晕了他的眼睛，他甚至没太看清她的表情，只记得她手中的铲子闪闪发光，像某种圣物。

他忽然起身，赤脚上前，抱住她，向她求婚。

饮食男女，人之大欲，如果不打开食道，如何打开灵魂的通道？

和一位好友聊天，谈关于择偶标准的话题。他说他想找个有点才气的，我说我如果是男人，就找一个会生活的。

他争辩说，有才气的一定会生活，而会生活的未必有才气。

于是我发问："冬天的早晨，你头一天晚上爽歪歪，日上三竿才睁开惺忪的睡眼，这时的你饥肠辘辘，是希望对方端来一碗酸菜排骨汤或者排骨海带汤、白菜羊肉汤，还是希望有人给你吟诵一曲《凤凰台上忆吹箫》？"

这哥们还没等我说完，口水就出来了。他赶紧喊停："要那个会做早餐又愿意做早餐的！"

所以，我的观点是：人，尤其是女人，最大的才华就是创造幸福生活的能力——包括意愿。

在街上目不转睛地看，大致能判断出一个人是否享受到了舒适、健康、有爱的早餐。

想让一个男人下定决心娶你，愿意和你一起白头到老，愿意和你分享他的人生、分享他的财富，给他做顿早餐，不失为一种很有效的方式。

同样，一个男人如果真想打动一个女人，除了钻石之外，请记住，偶尔给她做一顿早餐。那顿早餐的价值并不亚于一颗钻石。

所以，天下有情人都需要参考一个建议：一起吃早餐！

当然如果可能，最好一日三餐都一起吃，如果做不到，起码一天同吃两顿饭——夜宵也算。

犹记得一次外出旅行，深夜，在陌生城市的某个不错的夜宵店里，看到一对情侣一起吃饭。结账的时候，女方主张把没吃完的东西都打包，男方有点疑惑："明天就走了，打包干吗？"

女人温柔而娇俏地说："房间不是有厨房吗？我给你做早餐！"

男人立刻就安静了。

旁边的我当时就想，如果他们不是准备结婚的情侣，就是刚刚结婚的夫妻。

如果一个女人真的很爱你，一定会设法让你吃好、睡好。

换一种说法，如果你的人生是由三顿饭组成，那么大部分在城市生活的人，都在糊弄自己。

早餐，你要么不吃，要么受电视广告的忽悠，吃很多垃圾食品；中午你可能吃工作餐，看上去还不错，但是你总发现自己一边吃不饱，一边还在快速长胖；晚餐呢，你每天吃得繁华热闹，吃完之后却身心疲惫。

我有一个恶劣的习惯，说出来恐怕要被商家追杀。那就是酷爱在超市里读食品的配料表。千万不要迷恋那些号称能代替早餐的物品，你们读读商品的配料表就知道自己每天吃进肚子里的是哪些垃圾食品——起码是含有什么垃圾的食品。

那些号称有大枣的，根本不见大枣的影子，不过是大枣味道的香精；那些号称有鸡蛋的，也未必真的有鸡蛋，大部分是伪装成鸡蛋的化工原料；你以为酸奶的浓度真高，其实不过是增稠剂；最可怕的是各种肉制品，除了传统的淀粉、色素之外，只要是吃香肠之类的，常常会吃到一堆嚼不动扯不断的东西，不知道是胃壁还是淋巴。

很多女人的人生理想就是，找一个人，日子再忙也要一起吃早餐。可以做好了把早餐端到他床头，也可以一个负责煮鸡蛋一个负责热牛奶，或者一个负责煎鸡蛋一个负责切面包。再不济，头一天晚上做好炒饭，第二天早上微波炉里热一下。就算我不能百分之百地摆脱工业时代必须面对的污染，起码，我要尽量摆脱。

更重要的是，我热爱的不是吃什么样的饭，而是，跟他一起分享早餐时光。我喜欢有人能像电视剧里的男主角一样，吻去我嘴角的牛奶渍，也喜欢不动声色地用手拂去他腮上的面包屑。

毕竟，一个好的伴侣，一份美味的早餐，一种愉悦的心情，本身就是一剂良药。

试想，《史密斯夫妇》开头部分，如果皮特饰演的男主公没给朱莉饰演的女主人公准备好早餐，他们的关系还会那么亲密吗？

我们大可以这样总结，如果两个人开了房，早上醒来决定结束这段关系，如果想轻松地逃脱，那就可以像《绝望主妇》中单身母亲的前律师老公那样，留个字条："我们不合适，对不起。"如果不想被对方追杀，那就像《欲望都市》里面那样，专栏女作家一觉醒来，看到床头有一叠钞票，还有一张纸条，上面写着"爱你，CALL 你"，而他从来不知道她的电话号码。

还记得电影《原罪》吗？

19 世纪末的古巴，腰缠万贯的咖啡园种植园主路易斯（安东尼奥·班德拉斯饰）决定迎娶邮购新娘来解决终身大事。她就是与路易斯素未谋面的美国女子——茉莉亚（安吉丽娜·朱莉饰）。一个对婚姻没热情的男人和一个陌生的女人，如何能谈一场上升到"罪"的层面的恋爱？

安吉丽娜·朱莉饰演的那个充当邮寄新娘的骗子，在第二天一早醒来后，给男人把热咖啡端到了床头，并且与之进行了一场煽情的对话。她说："如果每天早上有人给我端上一杯热咖啡，那就是我期待的幸福了。"

于是，那个喝了她端来的咖啡的男人就像喝了迷魂汤一样，在后来的日子里，竟心甘情愿地把带咖啡的早餐端到她的床头。

《原罪》里有段旁白："这不是一个爱情故事，而是，关于爱的故事。"谁能拍着胸脯说，安东尼奥饰演的那位老公后来为了找她历尽苦难，最后干脆放弃了正经生活和正当生意，和她一起上了梁山，做起了坑蒙拐骗的事儿——跟这一顿早餐没关系？

好吧，或许你会反驳，这是电影！生活中会做早餐并且愿意做早餐的男人不多见！

其实，真实的情况是，我听说有很多男人会做早餐——而且，聪明的女人懂得如何激励对方做早餐。

我的一个朋友就有这样的本事。

那一次，她头一天晚上辛苦一些，让对方身心愉悦。早上浑身酥软，实在没有力气起床。

结果发现，在她赖床的时候，他已经准备好了早餐，并且给她端到了床头。

男人靠得住，女人能上树

> 他们的老婆能高贵如皇后，风骚像狐狸精；既能让男人寻找到所谓的归属感和温暖的怀抱，还能让男人怜惜到疼痛，让男人忽然之间长大并且学会承担责任。

·去他妈的"小妈妈"·

在很多男人的成长过程中，母亲对他们的影响很大，如果非要用弗洛伊得的理论进行分析，就是每个男孩子在成长的过程中，母亲是他们接触到的第一个女人，所以他们对异性的第一感知来自母亲。

因此，即使男人老了，直到患上老年痴呆症，都会有这种心思：他一边梦想回到童年时期母亲的怀抱，一边又觉得自己的母亲不够完美，给自己的心灵带来很多伤害。

看国内电影，主人公悲壮地死去，在咽气前一秒钟，会谈责任和理想："这是我的党费！"因为中国人喜欢唱的歌曲是："党啊党啊，亲爱的妈妈！"就当是表达对母亲的一种情思。

国外电影很直接，因为他们的党比较多，很多大男人，临死前都不太绕弯子，而是直接眼泪汪汪地喊："妈妈！"——这个妈是亲妈。

妈妈在男人出生的那一刻和死前的那一刻都很重要，所以男人都梦想有个女人能像他们的母亲一样对待他们，但"新娘"还要弥补他们亲娘的不足，甚至在某些方面，她们要超越他们的母亲来满足他们。

当然，老婆不是用来膜拜的，所以他们的心里还有另一种渴望：他们的老婆能高贵如皇后，风骚像狐狸精；既能让男人寻找到所谓的归属感和温暖的怀抱，还能让男人怜惜到疼痛，让男人忽然之间长大并且学会承担责任。

就像很多找到贤妻良母，却一直努力冲出家庭樊笼的男人一样，或者，像每一个在外面跟别人打了架都回去找亲妈哭，每次亲妈阻止他出去疯玩又会跟亲妈吵架的男人一样，男人期待的这个女人要在他出门的时候给他一切他想要的自由；在他回到家的时候，给他一切他想要的温暖，让他能摆脱世俗的烦恼。在他取得成绩的时候要像母亲那样为他骄傲，哪怕这个成绩只是买彩票中了两元钱，女人也要充满欣慰与感激。

很多男人一直在等待一个能让他感觉像妈妈的女人出现，因此他们可能去追求那些身材高大、三围突出的女人；可是身材高大、三围突出的女人，大多是乐观开朗、没心没肺的，这又让他们感到失望，他们觉得她乐呵呵或者没心没肺的状态更像小孩，无法让他们有安全感。等到他们发现这一类人不适合他们的时候，他们又开始盘算，是不是身材娇小、温柔沉默而内心强大的女人，尤其是巨蟹座、摩羯座的女人更有母性？

于是他们跟大大咧咧的女人成了朋友，把本本分分的女人娶回家。

忙碌了一番，终于有一个女人，成为他们的女神。他们非常幸运，成为国王和武士，成为老虎和羔羊，成为乖宝宝和坏孩子，成为智者和傻瓜。

她愿意将他的头埋进自己的胸口，轻轻地抚摸他浓密或者稀疏的头发。

他可以将头埋进她的怀里，呼吸着她沁人心脾的体香，酣然入睡。

她在他情绪烦躁或者开始胡闹的时候对他说："乖，别闹。"

她在他割破手砸了脚，或者做了别的傻事，酒后说胡话的时候，温柔地嗔怪他："傻孩子。"然后紧紧拥抱他。

她用手抚摸他的头发他的背，让他感觉自己忽然回到几十年前在母亲怀里的感觉。

她在他出门的时候拥吻他，他进门的时候她即使在厨房忙碌，也会跑出来递给他一杯热的铁观音或者温的蜂蜜水。

出门的时候，她帮他整理衣领，交代他少喝酒，开车小心，记得吃药。

他在外面遇到烦心事，她会安慰他、鼓励他，对他说："没事，还有我呢。"

他在她的怀抱里忽然找到了小时候在妈妈怀抱里的感觉；他忍不住嗫嚅着嘴唇，喊她"小妈妈"。

他觉得自己是幸福的男人，即使长大，即使衰老，仍旧有一个"小妈妈"守候在他的身旁。

所有男人都想找到一个"小妈妈"。"小妈妈"是贤妻良母的另一个马甲。

贤妻良母型的女人一般具备以下特征：识大体、懂道理，乐于做好自己分内的工作，并且像母鸡一样保护自己的家庭。很多男人喜欢和贤妻良母型的女人组成家庭，因为这样的女人能带给他安全感。不仅自己是安全的，自己的家庭和儿女都是安全的。

连大猩猩都希望自己出去觅食和游玩的时候，母猩猩不仅能喂养和保护好小猩猩，还能给它们以良好的教育。

所以，很多男人乐意娶个贤妻良母回家，让自己心情愉快、生活轻松。当然，他们也可以顺便标榜自己是正经的、正统的、热爱家庭生活的、负责任的男人。

可是，尽管如此，男人仍旧不会满足。

忽然想起以前看过的一篇文章，说的是真人真事，一个有"玉女"之称的演员爱上了一个浪子编剧，于是找到这位编剧的正室——一个优雅的充满母性光辉的女人。玉女哭着求她："你就把他让给我吧。"

正室说："他不会抛弃我的，他在外面玩腻了还得回来找我，因为我是他妈。"

有一部分男人，即使他幸运地找到"小妈妈"，生活和情感依旧没有到达终点。

曾经因为工作关系认识一个中年男人，在外人看来他有个幸福的家庭。他是北京排名前 50 的某公关公司的创始人之一，而且是海龟一枚，他老婆也是他期待的贤妻良母的类型，对他照顾得无微不至，甚至会发短信告诉他：痔疮栓放在你车上那个绿色的盒子里了。

他老婆固然是贤妻良母，但是他总觉得他老婆眼里只有他的胡须、他的痔疮；他觉得老婆掌控了他的生活，包括他吃什么、喝什么、玩什么。

他一直想寻觅一个小鸟依人的红颜知己。

因为，他在外面被媒体追捧，被记者围堵，论坛上也有很多人视他为头号偶像，对于这些，妻子却总是视而不见。

这位贤妻良母型的"小妈妈"，总因为他鞋子没有放到固定地方，没有按要求修理水龙头而跟他唠叨半天。

几位女性朋友都提到过，这位大叔有个习气，每当有年轻漂亮的姑娘喊他某总，他总是很慈祥但用很不正经的眼神盯着人家，似笑非笑地说："叫'总'多见外呢，叫'哥'亲一些。"

女人们在背后叽叽喳喳地八卦完，总忍不住作出恶心狂吐的表情以示对他的厌恶。

有个段子说，中年男人最期待的事情是升官、发财、死老婆。

女人的梦想是成为一个男人的最后一个女人；男人的梦想是成为一个女人的第一个男人。男人对女人的期望是"越来越好"；而女人最爱听的歌曲是《最浪漫的事》："我能想到最浪漫的事，就是和你一起慢慢变老，直到我们老得哪儿也去不了，你还依然把我当成手心里的宝。"

换句话说，男人总是忍不住渴望拥有很多女人；而女人却觉得最安全的状态是一个男人能像爱惜生命一样地爱她，至死不渝。

辜鸿铭曾经用茶壶和茶杯来形容男女关系，他认为一个茶壶可以配四个茶杯，但是一个茶杯不好配四个茶壶。

这就是男人的招数。

他能编出自己比孤儿还悲惨的过往，比如 3 岁的时候就自己睡，所以从青春期开始就梦想有个温暖的被窝——以此打动你的母性情怀。

他甚至会伪装成狼的样子，保护你或者抢占你，让你有一些惊愕，有一些赞叹。

于是，在他的诱惑、激励、引导下，你激发出了自己内心最温柔、最宏大、最宽容的情感。在他失意受伤的时候安慰他，在他风光无限的时候赞美他，最好是崇拜他，崇拜得五体投地。

然而，他却对你越来越不满意。

因为你了解他，了解他的招数、底线；他童年的故事你在听第一遍的时候就记住了，再说的时候已经没有了效果——而且很可能他妈妈跟你说过完全不同的话，让你无法深入他编织的情感剧中。

对于他的成就，你经常视而不见。就像在自己的亲妈眼里，无论他在外面多么叱咤风云，睡觉总有踢被子的习惯；在那个朝夕相处的女人眼里，他之所以看上去人模狗样，其实是因为，她洗了他所有的臭袜子，并且每天都给他准备好新的。

此外，随着岁月的流逝，你的魅力指数在减少，在他眼里，你不再是当年那个手指轻轻一点就能拨动他心弦的人。他对你的感觉就像左手摸右手，因为太熟悉，所以麻木了。

是的，男人不会安分守己，他们灵魂深处的另一个自己在蠢蠢欲动，他希望发掘和满足自己内心隐藏的欲望。希望你垫着假胸让他的兄弟们羡慕，也希望你穿着黑色蕾丝丁字裤跟他激战，或者穿上黑皮靴，满足他狂野的激情。

而你却端庄、贤淑、木讷、茫然地忙碌在灶台边、洗手间——以为对这个男人了如指掌。

其实，他们隐秘的内心世界，是绝不会随时随地向任何一位参观者敞开的，就算是兄弟、发妻或者儿子也不一定能打探明白。每一个男人都可能有露出狐狸尾巴的时候，总有那么一刻，那么一件事儿，那么一个人刺激了他们，让他们现出原形，所以，关键的问题很可能就是那个催化剂——比如某个小妖精。

这是很多中年男人——尤其是自诩为成功人士，并且也能让小姑娘们觉得挺成功的那些男人——喜欢招惹小姑娘的原因；也是很多家里的好男人在外面会有风流韵事的原因。很多好男人，在外面总是有猫腻——区别在于猫腻是大是小、会不会被发现、被发现之后后果会不会很严重，如此而已。

> 当女人还是女孩的时候，她的父母并不舍得也没有教会她做很多事情，等到她认识了你，她为了照顾你，才学会了洗菜做饭洗碗。她辛苦了自己，方便了你。

·别为了讨好男人而浓妆艳抹·

女为悦己者容。

很多女人要么是因为不自信，要么是想取悦男人，往往会在约会之前极尽努力地整出一张自认为漂亮、完美的脸。

但是如果你去问男人，从身价过亿到年收入 10 万的小白领，男人们的反应很直接。

男人说：稍微化一下妆也是可以的，但是不要太夸张。

男人说：女人的美是由内而外的，健康自然感觉才好。

男人说：女人用几个小时的时间化妆，号称是为了男人的脸面，其实只是为了满足自己的虚荣心。

男人说：其实两个人相处久了，自然会忘记她长什么样，也不会计较她到底哪里有瑕疵。只有不爱或者不够爱的时候才能明显感觉到对方脸上的瑕疵。

男人说：每次看见她贴得跟扫把一样的假睫毛，我就想用手指帮她全揭下来。

男人说：虽然我们不喜欢不修边幅的女人，但也不代表我们一定喜欢画皮一般的女人。

有一个男性朋友，总是愿意带着自己不化妆的女友出门。每次都有女人羡慕她的好皮肤，有男人羡慕他的女朋友清纯、漂亮，像女中学生一般一尘不染。

但是，毕竟这种"天生丽质"的女人还是少数。而且，很多少妇都忍不住感慨："年轻就是好啊！"或者像吃了酸葡萄一样："那是因为她没有吃过生活的苦，等她结了婚生了孩子再说！"

正常的说法是，男人也不是完全喜欢纯粹素面朝天的女人——除非底子特别好，不然，稍微用点功夫提升一下脸部效果也是需要提倡的。

当然，也有男人勒令自己的女人必须化好妆才出门，他的理论是：化一下吧，不化妆没法看啊！所以黄脸婆为了男人的面子，也得去化一化妆。

男人在嫌弃黄脸婆的时候，根本不会想：为什么这个女人成了黄脸婆？换句话说，男人认为女人成了黄脸婆，全是女人的错。

他常用的语言是：你也不收拾一下自己；你也不捯饬捯饬；今天见的这个人很重要啊！或者他还会在背后和哥们一起鞭挞自己的老婆：她现在这个样子，我都不好意思带她出来。甚至很多男人混到三十不立四十贫瘠的时候，还要把问题推到自己的女人头上：你看你，都不旺夫！

他并不会反思自己的错误或者问题。他号称跟客户应酬，其实可能是喝酒唱歌泡妞；他号称为了工作在拼命努力，其实很可能是在办公室打游戏。他常常半夜三更回来，倒头就睡，不仅不帮女人洗个碗，还要抱怨因为结婚的时候女方家里没有在经济上给予支持，所以他现在的生活压力很大。

这样的男人根本不曾想过，当女人还是女孩的时候，她的父母并不舍得也没有教会她做很多事情，等到她认识了你，她为了照顾你，才学会了洗菜做饭洗碗。她辛苦了自己，方便了你。

一位 29 岁的女友终于找到了属于自己的真命天子，开始谈恋爱了，眼神变得生动，原本暗黄发黑的皮肤，竟似乎偷偷地退去一层皮，变得光洁、白嫩了很多。身边的好友不得不感慨：其实爱情是最好的化妆品啊！

其实很多有经验会保养的女人都说：女人要想年轻漂亮，最关键是要睡眠充足，营养均衡，没有烦心事儿；最最重要的一点是要拥有爱情，生活幸福。

当然，尽管好的化妆品一定昂贵，但是一定比好的爱情更容易得到。

所以在得不到爱情的时候，只好依赖化妆品了。

然后，等到女人 35 岁以后，青春不再，面容憔悴，只好用各种化妆品来满足自己关于年轻、美丽的幻想，填补自己面容甚至心理的不足。

有几个男人，真的会像电视剧里说的，为女人成为黄脸婆心怀歉意？"一个花季姑娘，一个跟我走到现在，从鲜花盛开，到现在的憔悴，虽然她脾气暴躁，但那不是她的错，是生活压力所迫，如果她出门有车，回家有仆，会给我脸色看吗？"

在这个问题上，高明的男人很少，比男人更高明的女人就更少了。

男人的概念很偏颇，但是也很明确，就像大部分男人不觉得逛街有什么意思一样，大部分男人也无法理解女人为什么要花一个小时去描画一张脸。

一个老男人忍不住感慨：很多女人，之所以三十岁的时候没法看，是因为二十岁的时候盲目化妆所致。

一个化妆师朋友也经常感慨："很多女明星，不化妆根本没法看啊！"女明星们为了在镜头前美若天仙，不得不经常把自己的脸当画布，即使日后赚了足够多的银子，但是她们的容颜已毁。这个化妆师朋友说出一串名字，台湾当年那个琼瑶阿姨的御用演员，现在又干巴又黑，满脸褶子，在秀水街碰上，根本就认不出来；还有某某某，脸皮黑得很，而且耷拉着……

很多男人，喜欢看演员化妆，也能接受大街上别的姑娘或者大姐化妆，但是，对于自己的女人要不要化妆的问题，却是另一番见解。

以前有一位客户的女助手，永远是浓妆，每次出现都顶着大假睫毛，有人开玩笑似的要将她介绍给一位男同事，男同事立刻拒绝："别别别，我不喜欢这种看上去不能过日子的人。"

在男人的概念里，除非是从事特殊职业的女人，比如演员，或者夜店从业者，或者纯粹出去玩玩的女孩才会浓妆艳抹，正经人家的姑娘，化妆还是不要太夸张的好。

有一个男性朋友，见到妆化得比较夸张的女孩子是要躲着走的。在他的概念里，热衷于化妆的女人就像发情的猫一样，她们之所以打扮成那样，除了满足自己那点小虚荣心或者掩饰自己的自卑心之外，其实本质上是想得到男人的关注、欣赏和赞扬，而这种对男人的吸引力，在男人的眼里竟然成为另一种信号，用他的话说，那些女人还传递出另外一层意思：求偶。妆容越夸张，传递出的这种信息就越强烈，以至于，晚上路遇妆容夸张又浑身香气的女人，他能够感觉到，她从事的是不良职业。

有时候，女人化妆貌似在讨好自己，却很可能暴露了自己。

有一个女友，对我讲述了一次去看电影时的经历。

她路遇一对男女。

男的看上去很一般，女孩穿着时尚，妆容精致，但却能明显地看出，男人对女孩有些厌烦，而女孩对男人多少有一些讨好。就算她衣着得体，妆容妥帖，但是，从她故意倚靠男人，主动地帮助男人跑前跑后，就可以看出，其实在他们的关系中，男人的地位更高一些。

该女友以前出门，常常要收拾起码一个小时，他老公多次提醒她："简单收拾一下就行了，千万别过分。"她总是不以为然。

现在她渐渐明白，原来，男人并不希望有人过于关注他们身边的女人，尤其不希望别的男人因为女人的妆容而猜出他们关系中有什么令人好奇的成分，进而对两个人进行一番心理分析和八卦。

另外一位女性朋友赞扬他男朋友从不爱在街上看美女，甚至禁止她"打望"。每次在街上看到面容姣好妆容精致的女子，她总忍不住多看两眼，而他总会拨过她的头，说："别看了，你在游泳池泡几个小时我觉得还能看，她进了游泳池啥样我都不敢想。"

所以男人也总结出一条：交女朋友，想看真人真相，就请她去游一次泳。

还有一个男性好友，交往了一个大家觉得各方面都很不错的女朋友，两人一度如胶似漆，大家还以为他们婚期将近，但是不知为何，竟然渐渐地没了声息。

私下里问，男方竟然像受了惊吓一般地说："你知道吗？你看了她白天的样子绝对想不出她晚上的样子……"这句话引发了不少的联想，大家一度以为他遭遇了什么妖怪。

据说，宋美龄从来都是化好妆再出来见人的。所以，很多女人在网上贴出和男人相处的生活宝典，其中一条就是，一定要化好妆再出来见人。

另一个女友反驳说："所以宋和蒋连个孩子都没有！"这位女友交男朋友的时候，一上来就问了对方几个重量级的问题："如果我以后脸上生满了皱纹和老年斑，你会爱我吗？如果我以后胖到一公分一公斤，你会爱我吗？

爱自己，和谁结婚都一样

如果我以后老年痴呆了，你会爱我吗?"

　　而她现在已经找到了三个答案都是"是"的男人。作为回报，她对男人也作出了如下承诺："如果你以后身无分文，我的工资和你一起花；如果你以后腿脚不便，我给你推轮椅；如果你以后满脸皱纹，那咱俩就互不相欠了!"

> 　　征服和追逐的过程，某种程度上是男人持币购买的过程，男人在为自己不停地提高交易成本。而女人此时变成值得投资的产品，男人不停地加注、加筹。

·失去自我挽不回男人的心·

　　有一句爱情箴言："我爱你不是因为你是谁，而是因为在你身边，我能做真实的我自己。"

　　前几天和一个朋友聊天，她的话也很有意思，她说，我爱他，不仅因为他爱我，还因为他爱我的方式。电影《原罪》里有一句台词："当我与你相处时，我变成了另外一个人，一个更像我自己的人。"但是很多时候，我们遇到的是另一种情况，很多女人，爱上一个人，为了和他在一起，决意改变自己。

　　比如若干年前，刘嘉玲为了能嫁给许晋亨，决意离开娱乐圈，开始学习插花、烹饪，最终仍旧"童话破灭"。

　　生活中也有这样的事例，一位女友听说自己心仪的男人对消瘦、短发、抽烟的女孩情有独钟，就不惜剪掉自己的长发，开始拼命节食，学习抽烟。

最终她确实吸引了这个男孩的目光，但是该男在约会时说了一句话，足以让她下巴掉下三尺。他说，你只是形似我想要的人，你眼神中的柔弱和倔强结合得并不完美。

大家听了忍不住发笑，或许他需要的是一个吸毒的摇滚女青年。

又或者，有的女人恋爱之后，变得处处禁忌：我男朋友不喜欢我跟某某相处；我男朋友不喜欢我穿什么颜色的衣服；我老公需要如何如何……于是，谈恋爱之后努力变成另外一个人——起码没有成为一个更符合自己期待的"自己"。

很多女明星年纪轻轻结婚了，息影了，离婚了，复出了——走的都是这样的路，复制的都是这样的错误。

女人常常根据自己的猜测、幻想，或者听了对方的一言半语就以为对方喜欢什么样的人，然后朝着那个方向努力。

男人喜欢贤妻良母，于是她开始学习洗手作羹汤，但是转眼又被男人视为没情趣的死鱼，自己却百思不得其解：不是你说的喜欢传统保守的女人么？

女人在潜意识里总是渴望被对方征服，如果对方不征服或者没办法征服，女人就设法强迫自己假想已被对方征服。

最常见的描述方法是：遇到这么多人，我就愿意为他做出改变，我就愿意为他做这个——言下之意是他其实已经征服了我。

这种现象颇像某些动物的"装死"行为，问题是很多动物装死是为了诱捕，诱捕的目的是为了消灭对方——而女人，即使是诱捕，显然不是为了消灭对方，而是被对方消灭。

按照这个逻辑，岂不是赔了夫人又折兵？

或许很多女人并不了解，男人的乐趣在于真正的征服。就像熊不吃死尸一样，男人也不愿意自己是瞎猫，只能享用恰好碰到的死耗子。

男女之间的婚姻，门当户对或者情投意合，讨论的都是一种等价交换。

征服和追逐的过程，某种程度上是男人持币购买的过程，男人在为自己不停地提高交易成本。而女人此时变成值得投资的产品，男人不停地加注、加筹。

女人大都有这样的购物体验，50元一条的裙子和1000元一条的裙子，就算当初购买的时候都很喜欢，但在最终决定扔哪条的时候，花1000元买来的那条一定会在犹豫很久之后继续保存。

换句话说，男人也一样，男人爱的不是女人本身，而是自己在这份情感中投入的成本。

无论是雄鸟还是大猩猩，在求偶中必须付出努力。雌鲸必须通过引发雄鲸之间的争斗来选择优秀的伴侣。人类社会中，如果说，男人与男人之间PK的主要是体力或者财富，而女人PK的则是"成为自己"或者"成为别人"。

那些执意"成为别人"的女人或许并不知道，对方需要的绝不是一个失去自我的人——更何况，恕我直言，做家务工作也是需要有天赋的。

一位女友，工作能力无可挑剔，但是煮饺子经常煮成糨糊，做任何菜都找不到感觉，就连烧白开水也得买自动跳停的电水壶。但是她并不乐于去学习做饭：我就是这个样子。当然，她也不会蛮不讲理地认定自己不够可爱的一面也是可爱的。用她的话说：尽管不会做饭不是件可耻的事，但是，并不光荣，没必要炫耀。

而另外一位好友，为了学习做菜，吃了很多苦头。每次做完都胆战心惊，生怕搞砸。如果老公予以客观评价，她总觉得是一种指责；如果对方说一些善意的谎言，她的厨艺又停滞不前，最后弄得两人都很痛苦，老公提出离婚——说她既不能为他提供可口的食物，也没有给他好的食欲。

看，既然这样，女人何苦为难自己？

那些以为通过努力可以改变自己的人，也许从没想过，无论你怎么努力，你的厨艺永远不敌五星级酒店的大厨。如果他连五星级酒店的大厨都请得起，要你干吗？如果他连五星级酒店的大厨都请不起，你干吗为他做苦力？

有位女友说起年轻时候的经历。

有个男人追她追得很紧，她就问："你喜欢我什么？"

对方答："你好看，跟你在一起开心。"

她问："如果我老了，聋了，哑巴了，牙齿掉光了，笑都笑不动了，你还会喜欢我吗？"

男人犹豫了一下："你怎么会聋？怎么会变成哑巴？"

然后她就平静地发了一张"好人卡"，从此与他断了来往。

她的观点是：尽管我会努力保持自己的美好形象，但是我也需要某个人有接纳我不美好形象的心理准备。

关于这个问题，我喜欢另一个女友的论调：我就是这个样子。你爱咋咋，我爱谁谁。

就像歌里唱的那样，那个人不仅爱自己年轻时候的容颜，也能接受岁月无情的变迁。

每一个个性鲜明的女人，都会指向一个作为自己目标受众的男人。如果他是只兔子，你就尽量不要给他肥肉；如果你是只鬣狗，就不要装作只关心粮食和蔬菜了。

· 取悦男人不如取悦自己 ·

　　在婚姻市场，女人最重要的竞争力就是差异化。即使用同一个模子做出来的芭比娃娃，也得按个人喜好配上不同款式、质地的衣服，不同颜色、款型的头发。——是这个理儿吧?

　　每一个个性鲜明的女人，都会指向一个作为自己目标受众的男人。如果他是只兔子，你就尽量不要给他肥肉；如果你是只鬣狗，就不要装作只关心粮食和蔬菜了。

　　当一个女人"成为别人"，一来失去了自己的魅力；二来常令对方找不着北，最终很可能你既没有满足对方，自己还很委屈、冤枉、气愤。

　　这或许就是那些曾经迷失自我的女人最终回到自己生活轨道上的原因。

　　相比较而言，我更喜欢坚持自我的女人，比如小 S。

有媒体报道，小 S 大胆地跟婆婆说，自己没读过什么名著，并且也装不来淑女。结婚、怀孕、生子她都能大大方方地站在镜头前，不仅没有因为怀孕、生子而耽误工作，甚至因为怀孕和生子而人气更旺——至今仍没有听说老公或者婆婆需要她怎样的。

同样，最终嫁给许晋亨的李嘉欣曾经很明白地宣称：绝不与人同居。即使身边的男人来来往往，她仍旧坚守自己的诺言，最终嫁进豪门。

嫁进豪门之后，她仍旧坚持做自己喜欢的事：继续拍戏，继续拍广告。所以她每次出现总是引起轰动。她在《十月围城》里就一个镜头，却让整部电影炒作了很久——而且更重要的是，即使结婚，她的出场费用仍旧水涨船高。

现在她生了孩子，我甚至相信，尽管许家不缺那点钱，但她仍旧不会放弃自己的事业。就像小 S 一样，结婚的时候可以代言床上用品，怀孕期间可以代言孕妇用品，生完孩子可以代言奶粉，坚持自己的女人总能找到自己的出路，总能为自己找到用武之地。

有的女人，千辛万苦嫁进豪门，非常不容易地获得了公婆的好感和支持，甚至很努力也很争气地生了一堆儿女——等她回过头来，生活或许还得重新开始。

谁有朱玲玲的好命？可朱玲玲命再好，最后还是离婚了。

谁有徐子淇的好命？可徐子淇 50 岁的时候又会怎样？

每一个成熟的人都不得不接受一个事实，这个事实既是生理的也是情感的，那就是，每个人都会败给时间。所有人都会老，爱情也是有寿命的。

女人啊，取悦别人远不如取悦自己。看看吧，那些把自己从一棵树变成一根藤的女人，不是被骗了钱骗了色，就是注定要破产了。

还是古人通透："人生莫依倚，依倚事不成。"你越是把赌注都押到对方身上，对方越是不愿意买账，且不说他会挥霍你的情谊，还可能对你避之唯恐不及呢——"我自欲为江海客，更不为昵昵儿女语。"伟人尚且如此，何况一般男人呢？

生活是残酷的，有太多的男人，没有伟人的能耐，偏生了许多伟人的坏习惯！

所以，以身家性命下注的女人，切记要小心！

相比较诸多"菟丝子"，我觉得活得独立的女人更可爱一些。

女人可以有自己的生活，自己的事业，自己的圈子，就算可以为丈夫、孩子做出一些让步和牺牲，也千万不要为了他们就彻底失去了自己。

你放弃自己的时候是自愿的，但是，等你日后蓦然回首，就会发现心底有无数委屈——而对方仍旧记得你是自愿的，不会感恩你的牺牲，不会弥补你的损失。

与其如此，还不如做个真实的自己，发挥自己的优势，提升自己的能力，对自己的缺点不掩饰、不回避。

玛丽莲·梦露说："如果你无法忍受我最坏的一面，你也无法得到我最好的一面。"

当有情人终成眷属，朝夕相处，原本的风花雪月，最终会被打鼾、脚臭、痔疮取代。如果对方无法接受你的苍老、疾病甚至诸多窘态，那么这样的情感和婚姻很可能一直是个化装舞会。化装舞会总有散场的时候，各自回家洗洗睡吧，还奢谈什么以后？

那些戴着面具和画皮谈恋爱的人，迟早要露出自己丑陋的尾巴；就算不露出，你怎知道对方爱的不是你的面皮？

查尔斯王子在戴安娜和卡米拉中作出了选择。我无意诋毁戴安娜，但是，谁能容忍为了减肥在新婚之夜仍旧趴在马桶上催吐的女人呢？

肤浅的男人会爱肤浅的女人，总有人爱你化装后的容颜。

只是我有点好奇，一个人如果一辈子都在伪装自己，不敢吃甜食，怕发胖；没有狼吞虎咽的饮食经历；为了保持淑女形象，不能爆粗口；要装高尚，要装优雅——尤其要带着妆容睡觉，或者比对方早起几个小时就为了把自己的脸收拾干净……这样的人生，是疲惫还是有趣？

与其费力地装成另外一个人，还不如把自己的缺点修正一下。

我那位从来不会做饭的女友的老公会做饭，她可以把碗洗得很干净。即使她蓬头垢面地出现在他面前，他仍旧欣然接受。

而另一位马大哈的女性朋友，老公经常上班时间给她把手机送到楼下，她一年丢4个手机，丢一个，老公就把自己的手机给她，然后再去买一个，无怨无悔。他正好满足了不停地换新手机的愿望。

一个每次都会把身上的钱花光，连打车费都不剩的女友，经常找个自己喜欢的书店、咖啡馆、甜品店甚至饭店，等老公来接，顺便买单。

至于事后，她们怎么犒劳自己的男人——我是不知道的，但是我知道，即使她们不完美，甚至看上去有很大缺憾，仍旧有人很爱很爱她们。在他眼中，她是唯一值得爱的人。

男人要的是一个搭档，既不是女王，也不是女仆；既是女王，也是女仆。

女人都是带着翅膀的天使，需要有人能让她自由飞翔；而不是希望她变成蝴蝶、飞鸟，或者假设她没有翅膀。

当然——女人更不能变成战斗机。

男人靠得住，女人能上树

> 很难有既风情万种又纯得让人心痛的处女，就像没有真正身体和灵魂都纯洁的荡妇一样。男人的这种需求让女人无所适从，中国女人自然更无法表达自己真正的需求。

·告诉男人，你想要·

我们的道德观、贞操观、价值观，甚至生活观中的很多成分，似乎是祖先中的男人们为了巩固他们资源占有的有效性，或者基因传播的纯洁性而给我们设计的圈套，最终给我们，也给他们自己带来了很多困扰。

男人受其影响，既想做一个强大的男人，又希望从女人身上找寻母性关怀；既想找一个只属于自己的女人结婚，又希望这个女人能像荡妇一样带给自己欢愉。他同时希望，在这个女人面前，他是真正的征服者，是真正的统帅。

很难有既风情万种又纯得让人心痛的处女，就像没有真正身体和灵魂都纯洁的荡妇一样。男人的这种需求让女人无所适从，中国女人自然更无法表达自己真正的需求。

很多中国女人不容易说出：我要。

好不容易说出"我要"，其实想要的和喊要的又经常不是同一样东西。

有时候女人明明很需要某样东西，却会在表达时说成"不要"。一位男性好友不无经验地说，他从来就没有被女人拽着上街的苦恼。原因是他很支持他的女人上街买东西，并且乐意给她买，结果女人往往拒绝。他说："女人就是这样，越没有越想要，越给越不稀罕。"

他描述，他和妻子两个人逛街，他要给妻子买东西前会问："要不给你买这件吧？"妻子会说："不用。"如果他执意要买，妻子反而会阻止，所以他既能省钱又能让妻子开心的秘诀就是：经常带她去逛街，而且经常表现得愿意为她买东西。结果，即使她真的需要，她也能克制自己，给自己的内心谎报军情。

在性生活中，这种情形尤其普遍。女人经常无法正确表达自己的性需求。

据说，有的男孩只是问了句"我可以吻你吗"，结果被女孩扇了个大嘴巴。

有的女人抱怨自己的男人，在自己气喘吁吁地喊出"不要"的时候，就放弃了。这些男人中居然很多都是我们通常所说的成功人士。

他们在社会生活中彬彬有礼，讲信用，守契约，认同公共秩序，甚至着力于改变当前商业环境，更新社会秩序——但却被女人赶出家门。

很多中年男人在饭桌上探讨经验说，女人的"不要"就是"要"的意思。

年轻的男人回去实践，却发现这条金科玉律并不是百发百中，因为可能有一天他会被女人踹下床。

其实，在男女关系中，女人除了喜欢前戏之外，还喜欢游击战、拉锯战，甚至前戏是游击战和拉锯战的一种形式。女人不到最后关头不知道自己需要什么，更无法表达自己需要什么。

很多时候女人表达了自己的需求，结果发现自己心口不一。嘴上说的和心里想的其实不是一回事。

如果一个女人说出"分手"，其实不是真的想分手，而是实在不知道如何表达希望男人更进一步的愿望；或者女人只是想刺激一下男人，让男人下决心做出艰难的抉择。当她说"不结婚就分手"时，她的意思不是分手，而是她想结婚。当她说"足球赛和我，请选一个"时，她并非要求男人放弃球赛，如果男人能将她的重要性放在球赛前面，她会为了男人去研究帅哥之外的足球常识，并和男人一起激情澎湃；当她问"你妈和我谁重要"时，她并不是逼迫男人二选一，她需要的是，自己的男人能够帮助自己处理好婆媳关系，在和婆婆没有绝对原则冲突的情况下，所有的媳妇都希望在自己的努力下能赢得婆婆的欢心。

结果，由于表述不当，女人们陷男人于"两难"的境地，逼迫男人必须选择其一，结果，起码有50%的几率，男人做出了让女人失望甚至深受伤害的选择。

需要告诫女同胞的是，若从动物属性方面进行分类，男人从生理和心理上都是更低等的动物。试想，一个男人用几亿个精子去攻占一个山头，最终只有一个精子能与女人的卵子结合。将这一过程比喻成一场战争，就是男人动用几亿的兵力发起进攻，最后仅有一个士兵能将旗帜插进女人的卵子——然后，精子就潜伏了，或者被招安了，因为在此之后，胎儿的生长发育，所有的管理和建设其实都是女人在做。

爱自己，和谁结婚都一样

　　男人放手让女人去解决一些事情，但是女人将事情揽到自己手中，解决完了之后，要么很委屈地批评男人，要么因为自己解决得好，依旧批评男人。那些喜欢事事做主的强女人最终被自己的"强"累得没力气抱怨。

·掌握但不要掌控男人·

　　老人们都说，女人家，女人家，没有女人就没有家。社会学家也证明，已婚男子犯罪率比未婚或者不婚男子要低很多，有幸福婚姻的男人犯罪率更低。由此可见，对于男人来说，女人的作用多么巨大。而这种作用，就是"领导力，推动力"。

　　但是在生活中，女人往往忽略了自己的价值，反而对男人抱有太多期待，希望男人能够了解自己所有的想法，并且在满足自己的要求方面能比自己的父亲做得更好。小时候想要个毛绒玩具，只要站在商场柜台前面偷偷滴两滴眼泪，父亲就欣然领悟了；跟父亲一起走路，累了只要发发脾气，父亲就会抱起自己。长大了，以为指责一下男人，男人就会多赚钱，买大房子，送自己名贵的物品；以为只要发发脾气，男人就会来哄自己开心。

拜托！你都是成年人了，竟然还如此天真。男人找你，很可能一是觉得你像他妈，二是因为你麻烦少！

而且，越是成功的男人，越没有精力去猜测你想什么，越没有耐心去研究你的心理活动，越没有办法接受你给予的挫败感，反而会觉得你是没事找事，甚至是潜在地搞破坏。

既然如此，干吗傻了叭叽地砸自己的饭碗？

在工作中，我们需要用理智控制情感，即使面对不明智的领导，或者不合作的团队成员，仍旧有义务去想方设法完成工作；在生活中，我们需要控制情绪，即使面对不友善的邻居，该面带微笑仍旧面带微笑——同样，在婚姻中，面对朝夕相处的伴侣，面对经常出现的矛盾冲突，我们也应该用智慧去解决问题，减少双向伤害。

这可以视为一种自我管理。

很多女人，结婚10年以上，不仅不知道如何应对男人，更不知道如何应对自己。幸运的是，有一部分夫妻在彼此都能接受的安全范围之内，在此消彼长的博弈中，被动地找到了相安无事的方法——比如女人养成了唠叨的习惯，而男人不再轻易摔门、离家出走，能做到比较心平气和地聆听女人的唠叨和抱怨。

事实上，女人喜欢唠叨，不只是需要有人聆听，还需要"改变"现状——有时候女人也不知道自己有这样的需求，只有在唠叨累了之后才发现，发泄发泄情绪足矣，根本没有力气去计较现状是否改变。

有一个女性朋友，结婚三年。结婚之前，觉得男人老实本分、心中有她；结婚两年后，觉得男人简直是木头；等到第三年，男人在她眼中已经变成榆木疙瘩了。她终于忍无可忍，每次和男人发生争执，不是上蹿下跳，就是拳脚相加——当然，她未必知道，在男人眼里，她三年来的变化也是从天上到地下。

很多女性朋友，每个月总有那么几天会跟男人怄气、争执，甚至吵架。有经验的男人最终摸索出了规律，并且会适当让着、哄着女人，甚至做一些调整：哦，又生理周期啦？而大部分男人会不胜其烦：你神经病啊？

很多女人将一些问题归咎于男人，她们的逻辑出现了另一种偏颇。她之所以生气是因为男人不关心她——男人不关心她是因为男人不把她放在心上——男人不把她放在心上是因为男人没有责任感，最终的结论是自己一朵鲜花遇到了男人这坨牛粪。

男人无限郁闷地被鄙视了，甚至觉得自己被彻底否定，因此更加苦闷。

很多结婚 50 年的夫妻，男人对于女人的唠叨、抱怨、紧张、不安全感，并没有找到合适的解决方法，而只能用双方早已习惯的方法去面对，比如拖，或者冷战。于是男女之间的战争，终于以男人的坚持而偃旗息鼓。

还有一部分夫妻，处理矛盾的方法就是一个人完全噤声，让另一位做所有的决定——这在很多老夫妻中非常常见，而那个解决问题的人往往是女人。

女人和男人面临的另一种局面是，在女人眼里，男人没有足够的能力将一个问题解决好（既符合家庭利益又符合女人期待）；于是男人放手让女人去解决一些事情，但是女人将事情揽到自己手中，解决完了之后，要么很委屈地批评男人，要么因为自己解决得好，依旧批评男人。那些喜欢事事做主的强女人最终被自己的"强"累得没力气抱怨。

有时候女人喜欢骂男人"臭流氓"，其实臭流氓是个娇嗔的称呼。说这个词的时候，女人已将自己放到弱势的位置，而让对方无论从生理还是心理上都占据优势，所以，臭流氓＝COME ON。

·聪明女人不进行性惩罚， 而进行性激励·

性是一个合作项目——不只是因为双方必须合作才能生出孩子，养好孩子，性本身也是一种合作。

既然这样，为什么不让男人为你做出相关的改进呢？

有的女人会让男人睡沙发，心理学家说，这是在对男人进行性惩罚。其实，很多女人另有心思：他们在让男人睡沙发之前，已经暗暗地做了好多事情，希望男人了解她们的心思跟她们亲热，结果忙活了半天，男人还不解风情，于是她们就开始唠叨、抱怨、指责，有的甚至因为男人的辩解而演变成吵架，最后，她一声令下：睡沙发去。

她这么做不是真的想让男人睡沙发，而是希望通过这种刺激让男人"领悟"，并且赶紧"回到正道"——立刻打破僵局，主动示好，在男人主动的前提下，两个人迅速和解，并且进入正常的亲热流程。

但是，让她们始料未及的是，她们在惩罚男人的同时，已经不自觉地惩罚了自己，因为男人被勒令睡沙发，也就没了性趣，而她们，饱含性趣地等着男人改变局面，进行另一种反扑，结果，男人"顺从"地睡了沙发——这让她所有的情绪无处释放，有的老实一点继续自己生气，有的则会闹个天翻地覆。

我就听说过，有一位女士在勒令男人睡沙发之后，她又追到客厅里继续与之"论战"，最后以她往沙发上泼了一大盆水，然后他把家具砸了而收场。

有另外一位女性朋友半夜三更地给我打来电话，非常愤怒地讲述她遭遇的窘况：男人忙活半天，自己爽了，倒头呼呼大睡，结果她自己还蓄势待发呢，像遭了哑炮全憋那里。去摇男人，跟男人争执，把被子拽掉，男人仍旧不明就里，反而变得怒不可遏。最后他们大吵一架，男人半夜离家出走，出去住宾馆。

一位朋友住的小区里发生一起奇怪的案件，有一对夫妻，一个月不见面，见面就吵架，结果女的在家里砸家具，男的则更直接，把一套价值几十万元的红木家具搬到院子里，拿剁骨头的刀全砍坏了，然后泼上油烧掉，引来火警。

这让我想起了电影《开往春天的地铁》里，耿乐饰演的男主角因为工作变故而变得不爱说话，徐静蕾饰演的女主角则觉得男人在忽略她；男人和女人都需要彼此的体贴和抚慰，结果两个人却在冷战，而且不停地加码让冷战升级，最后他们打起来了，打着打着就打上床了——然后事情就解决了。

但是生活中，有多少人没有打到床上，打完了就散伙了呢？

我喜欢这样的女人，有足够的洞察力，既了解自己需要什么，又了解自己的盟友兼对手；有不错的语言能力，善于准确地表达自己的意愿；有强大的内心世界，看似屈从，实际却是在引领对方，与有情人做快乐事。

有一位女性朋友在传授自己的经验时说，之前，她也总是沉不住气，一不高兴就让男人睡沙发，后来男人睡了沙发心情不好，心情不好耽误工作，耽误工作之后影响收益，最后连她的零花钱也大大缩水，曾经许诺的珠宝、新车也没有了。她终于发现，睡沙发令一下，其实就是在进行一场自杀式袭击。后来，她改变了策略，即便男人真想睡沙发，她也自己拿个枕头，软磨硬泡，要和男人一起睡沙发，最后让男人就范。

有另外的朋友，和老公吵了几次架，让老公睡了几次沙发之后，发现这简直是一个损人不利己的决定，是一场没有赢家的争斗。于是两个人在彼此心情都不错的时候达成一个约定，干脆将女人在家的昵称改成"沙发"，所谓睡沙发就是……

电视剧《媳妇的美好时代》里，毛豆豆和余味旅行结婚回来，住进余味家，演出一场"热不热""脱不脱"的小"床戏"。如果生活中的女性朋友也有这种生活的小智慧，定能让男人爱不释手，也会让女人得到自己渴望的欢爱。

而与此相反的是《非诚勿扰2》中的场景。笑笑（舒淇饰演）在影片中闹了大半段，如果真的追根溯源，其实是因为笑笑给秦奋（葛优饰）按摩，结果秦奋睡着了。试想，两个以结婚为目的的情侣，飞机都接了，玩乐也耍了，别墅也住了，承诺也给了，蓝天白云的海边，一辈子终老的愿望也有了，秦奋趴在床上，这对女主人公而言，可谓情都调了，大型前戏都进行了一半——女人就等着进入正题呢，结果，男人睡着了。

她喝酒，泡水，哭闹，说狠话，说废话，刺激对方，其实不过是等着对方采取点积极有效的措施。结果呢，对方完全误解了。

她说她找感情，他就轻信了，然后觉得两个人跑偏了；她去勾搭别人，喝酒，他以为她乐意这么做，就让她去做了；她去海水里泡着，他以为那样她会觉得舒服，就让她那么做了……

电影里，舒淇颠三倒四"作"了个把小时，影院里的大龄女青年们都恨得牙痒痒，直骂男主人公是个笨蛋。

折腾到最后，她终于忍无可忍，实在没招，又不愿意这段关系就此打住，只好跑到他的沙发上，自投罗网。

女人终于舒一口气，早这样不就得了；男人就不理解了：她对男主人公，到底是爱呢，还是不爱呢？

除非是 GAY（男同性恋），不然男人的生物本能让他们不得不依靠女人获得性资源——就算是 GAY，还有一部分人想借用女人的部分性资源得到下一代呢。所以从这层意义上来说，女人应该是甲方。

坊间有女人取笑一些土包子暴发户：每天忙活到天亮，不就是为了夜总会里打一炮吗？段子是恶俗了一些，但是道理却是如此。试想，很多男人，号称有责任感有事业心，说到底不过是为了在性交易时具有更多谈判的筹码。赚钱干吗？养老婆养孩子，说到底，都是性本源的事儿。

既然这样，两个人面对面的时候，其实女人是甲方，按道理甲方应该有更多谈判的条件，自然也有制定游戏规则的权利。

当女人们抱怨男人不够温柔，不够体贴，不够长久的时候，其实男人们也在抱怨女人没有激发他们更多的能量，她们的态度、语言甚至身体反应，总让他们感觉女人似乎只是在应付，至少是心不在焉。

有一位结婚多年的女人说，两个人亲热的时候，她照样看她的报纸，让男人兀自忙活。同伴们都表示匪夷所思，但是这个女人私下又说，她的漠视让男人感到愤怒，而男人会将这种愤怒发泄到活动本身，这让她异常有快感——只是可惜，他的男人光忙着愤怒了，至于快感，她如果不亲自跟他说，他可能根本就不会相信。

有时候女人喜欢骂男人"臭流氓"，其实臭流氓是个娇嗔的称呼。说这个词的时候，女人已将自己放到弱势的位置，而让对方无论从生理还是心理上都占据优势，所以，臭流氓 = COME ON。然而，糟糕的是，有时女人一骂"臭流氓"，男的就有道德压力，就兴趣全无——最终不欢而散。

除了"臭流氓"之外，女人还有一些只有自己理解的词汇，比如，你好可怕，你好恐怖，你好吓人。其实她想说明男人"吓到"她了，这是在赞扬男人的强壮、勇猛。女人遇到强有力的男人，或者惊叹男人某些身体零件的时候会用到这个词——而在此时，男人需要女人摸着他的头，捧着他的脸说：你真棒，简直就是可爱多！

在男人的概念里，"好可怕"等词汇似乎有鄙视的意味，会给男人带来心理甚至道德压力，结果适得其反。

除了指责、抱怨、多愁善感、垂泪、离家出走之外，女人在了解自己之后，如何正确表达自己真实的想法，也是一个很重要的环节。女人可以有很多方式，更简洁有效地表达自己内心最隐秘的需求。

女人有必要开口直接说：我想，我要。但是大部分女人似乎都不直接说出这些话，而是将问题扔给对方：你累吗？该睡了吧？怎么还在忙？你什么时候能按时回家？你什么时候能睡觉？

还有一部分女人，不仅不能直接说出这些话，而且觉得如此直截了当是可耻的事。她们甚至希望通过拒绝男人来刺激男人的占有欲。

当然，这无可厚非，关键还是要方法得当，不能适得其反、自取其辱。

其实女人完全可以换个说法：我想让你陪我睡觉，抱抱我吧，我想要你。

　　如果不能直接说出来，那就直接去做好了——勾引自家男人就像开自家车、磨自家菜刀，有什么不好意思的？

5 书中自有黄金屋，脸蛋可以换大米

——婚姻是一场经济学博弈

男
人
靠
得
住
，
女
人
能
上
树

·爱情实际上是购买力作祟·

被誉为史上最纯电影的《山楂树之恋》，并不纯。

电影用大量笔墨讲述一个男人如何打动一个女人的故事，尤其在打动之后还没有上床。这种爱情竟然被推崇为最纯的爱情，真是让人匪夷所思。

如果纯只是因为没发生性关系，那么是否意味着所有没发生性关系的恋爱都是纯的？

问题是：这个世界上太多没发生性关系的恋爱不能证明这一论题成立。

男主人公打动女主人公的方式无外乎送钱、送雨靴、送游泳衣、送球服、送脸盆——送那个物质匮乏的时代女孩子能想象到的最好的东西——如此号称纯的电影，说到底还是现金开路。

如果男主人公生活在这个时代，身为"官二代"又有高额补助的他，泡妞估计会送车子、送房子、送公司。

爱情说到底是一种经济关系。郎情妾意说的是双方的情感需求，郎才女貌讨论的是商品的质量，门当户对则是衡量双方购买力的硬性指标。至于情投意合，林妹妹是不会爱上焦大的。

买卖双方，或者甲乙双方按自身条件开价，双方都还满意的话就成交，谈不成的话换个人继续。跟路边摆地摊兜售小玩意，或者周末逛小商品批发市场没什么区别。

还有一部分人根本就不用砍价，直接明码标价。有多少女人对结婚对象的基本要求就是有房子？有多少女人直接关注对方的条件：是否本科？是否理科？是否月薪过万？是否中层？

其实大家都在按经济规律办事，但是很多人非要装模作样地拿所谓的感觉来忽悠自己糊弄别人。为什么这么多年轻姑娘甘于给有钱人做小三做二奶，却没有人去对农民工来点感觉？——对不起，我没有侮辱农民工的意思，只是，很多貌似痴情的话，都不太经得起推敲。

很多人都明白，婚姻是一纸合同。合同说到底就是经济关系，所以现在很多女人在谈婚论嫁的时候，首先要问对方是否有房子。

房子是不动产，若不是一个男人经济能力的证明，则是一个男人家族经济能力的体现。

很多女人在年轻的时候会认定自己的爱情纯洁无比，高尚无比，甚至夸下海口说：你那么穷的时候我跟了你。不过她们的下一句却是：我爱他不是因为他多么富有，而是，即使只有一碗粥，他都会让给我先喝。

用这种逻辑来推断，女人年轻的时候希望拥有男人百分之百的经济资源，这个时候她们天真，所以在意的不是绝对数值的大小，而是相对数值。《麦琪的礼物》等故事证明，将自己最好的给她，就会感动她。

这让我想起张信哲唱过的一首歌曲，其中有一句："给了所有还要问够不够。"

我的朋友中，很少有人真的喜欢这句歌词：没见过男人这么低三下四的！不过换个角度想，如果一个男人这样对待一个女人——"给了所有还要问够不够"，那或许不能说明女人胃口大，而是说明男人拥有的太少！

等女人长大，生活让她们变得现实起来，结婚必须找有房子的男人——或者有能力买房子的男人。

说到底，结婚的时候，女人提出的条件就是女人自定义的身价。

流行语中关于理想好男人的定义"有车有房没爹没娘"，说的不过是：男人最好资产多一些，而风险和负债少一些。如果有生病的爹娘，或者极难对付的婆婆，在女人眼里，这种条件需要每天内耗，每天考虑止损还未必止得住，就算不是负债，起码也不是多么值得期待的。

当然，确实有部分女人不要求男人必须有车有房。我就认识一位男士，刚结婚，娶的是一位江苏姑娘，据说这位姑娘的家乡出现过很多女企业家和女强人，所以她们那里比较流行的是：有本事自己赚钱去。

这个男人也多次表达自己的幸运，感慨自己的老婆是多么的难得——跟他老婆聊天才知道，其实她有另外一种计算方法：我看好他是潜力股啦。

男人以为女人是在施舍，其实女人是在投资——当然，相比于伸手去要，这种投资显然可爱很多！

很多男人在离婚的时候，觉得自己一无所有对方就跟了自己，或者觉得自己不爱对方了，起码要给一些补偿，女人嘛，生存能力肯定比男人略差。因此最后变得倾家荡产。

一位男性朋友离婚两次，结果两个 10 年的积累转眼间灰飞烟灭：第一个老婆拿走他第一个 10 年的奋斗成果，一套三居室和将近 200 万元的存款，每月他还要支付 3000 元作为孩子的抚养费；离婚时他几乎净身出户不算，连贷款买的新车也被老婆开到 4S 店卖掉。

于是第一个 10 年结束之后，他变得一穷二白。尽管如此，目前已经 10 岁的女儿对他充满敌意，不仅不像是他的孩子，还联合"外戚"们一起对付他。

据说好不容易父女相聚一次，她带他到最贵的地方，要他给她买东西，买完了还会把他奚落一通。

第二个 10 年他从头开始，找了新的老婆，还没生孩子呢，又在闹离婚——第二个老婆分走了他新买的房子，甚至还准备加筹，要分掉他新的公司的一半资产。

他总结道："其实女人才是真正的老大，她们总是轻而易举地获取男人千辛万苦赚到的一切。"

为此，几个朋友每次提到他，就套用一个段子：上大学有什么用，好工作有什么用？创业有什么用？百万富翁有什么用？在外面天天辛苦有什么用？酒精肝脂肪肝又如何？——最后不过是用来供养女人。

没离婚的时候，只是供养，离婚的时候，还要赔偿。

据说拿破仑有一句名言："男人通过征服世界来征服女人，女人则通过征服男人来征服世界。"

很多男女或许并没有认识到，在婚姻和感情中，男人需要提供的东西是很实际的，具体而微，情人节时大束的玫瑰花，高级餐厅的烛光晚餐，或者令女人感到惊喜的礼物，比如钻石……然后对方才跟你讨论婚姻。

讨论婚姻则是更实际的物化谈判，什么样的房子什么样的婚纱，什么样的酒店什么样的花车。

有一部分男人会乖乖就范，结婚对于他们来讲是一次炫耀武力的机会，简直就是军事演习；还有一部分男人不得不就范，如果他们不就范，那么连外强中干都不算——外面也不强嘛。

只有很少一部分男人称得上幸运，他遇到的女人，不在乎他是贫穷还是富有。即使他一无所有，也会义无反顾地跟他走。

这样的女人往往会说："我爱的是他这个人，而不是他的钱。"但是，这样的女人真的很少。

有一个女性朋友，一次提到她温柔体贴的前男友时说，他会用盆子一盆一盆地给她端水，用蜂窝煤烧水给她洗澡——然后用一块旧毛巾把她擦干净。

男人固然温柔体贴，但是她却始终不愿意回味他们温存的情景，因为她的性体验总是伴随着贫瘠、潮湿的记忆，以及旧毛巾怪怪的味道和硬硬的触感。

贫贱夫妻百事哀。一个温柔体贴的男人，如果他不能带给你美好的感觉，怎么可能让你深爱呢？

对于大多数女人来说，所谓好的男人和好的爱情，就是这个男人能用她期待的方式，购买到她期待的物品——而所谓美好，就是这种足够充分的铺垫之后获取的感觉，说到底是以物质为基础的。

区别或许只是每个人的兴奋点不同，有一个好友期待的是，男友拿着钻石及1000朵玫瑰求婚；另一个女友期待的是男友能送她一车公仔；朋友中有一个男人，将精装修的三居室的房子的钥匙当礼品送给女友，他也顺利地结婚了。

理论上讲，婚姻中的女人只可以为一个男人提供性服务，也只能为一个男人繁衍后代，而男人为之付出的代价是，除了身体之外，还有经济资源。

· 婚姻的本质是共享社会资源 ·

尽管早有人指出婚姻是爱情的坟墓，或者婚姻是一个围城，里面的人想出来，外面的人想进去。可女人还是要和男人结婚，无论这个女人是美是丑，学历是高是低。同样，男人也需要和女人结婚。

遗传学家说，男人和女人结婚是因为男人想传播自己的基因，女人也有这种动机。只是相比于男人，女人的动机或许更复杂一些，比如寻求安全感与庇护。女人通过为男人传播基因而享受男人提供的庇护，包括经济意义上的负责和支援。

有一些女人在离婚的时候，也会有一个筹码：看在孩子的面上——当然，就我了解的情况是中国人经常"看在孩子的面上"，两个人不离婚，凑合着过；而西方人看在孩子的面上，结束婚姻，重新开始新的生活。

或许因为中国人的传统观念作祟，至今仍旧有很多女人母以子贵。有的男人是家中的独子，那么，他的妻子最好能生个儿子，如果女人不生儿子，就算男人嘴上不说什么，婆婆的嘴通常是不饶人的。

对于一个女人，尤其是离婚女士或者寡妇来说，最大的希望就是，含辛茹苦、忍辱负重地守着一个儿子，等待儿子长大。等到儿子十五六岁的时候，就能感觉到一个"新男人"带来的安全感了。我就听说身边有两位女士，都是在儿子刚出生没几天的时候，由于对男人严重不满，抱着儿子只身离开，带着儿子独立生活的。

尽管她们曾经受过很多苦，但是如今，儿子长大成人，母亲的自豪感、安全感，不言自明。

网上有女网友发帖咆哮，不仅抱怨，甚至诅咒单身母亲和她拉扯大的儿子——她的老公。据说单身母亲带着儿子生活的家庭，无论是母亲，还是儿子，性格上总有一些缺陷。

一个女人为了儿子付出了自己最宝贵的青春，结果却是那样地不确定。如果是为丈夫付出，还是"合作"的状态，丈夫还会有一些回报和补贴；若是为儿子付出，或许也有回报和补贴吧，但是与期待比，大概会失望吧。

常有人说，女儿是父亲上辈子的情人，听上去极其浪漫温馨，那么，从这个角度来说，儿子是否也是母亲上辈子的情人呢？只是为什么这种说法听上去就这么别扭呢？

在婚姻中，男人通过和一个女人结婚，占有一个女人的性资源。理论上讲，婚姻中的女人只可以为一个男人提供性服务，也只能为一个男人繁衍后代，而男人为之付出的代价是，除了身体之外，还有经济资源。所以，女人是通过结婚来获取社会资源的。

很多情感作家说看一个男人是否在乎你，要看他是否把你介绍给他的朋友、家人，也就是说，看他是否和你共享他的生活圈子。共享生活圈子

男人靠得住，女人能上树

其实是共享资源的一个标志。很多女人因为男人不把她带进他的生活圈子，于是就认为，这个男人不够爱她，起码没有和她结婚的打算——原来，从和男人正式交往的时候起，女人已经开始觊觎男人的经济资源了。

当女人放弃自己的姓氏，名字前面挂上夫姓，被人以某某的太太介绍的时候，女人便接受妻以夫荣的命运了。如果延伸开来，在封建社会里，外戚们所有的努力是否有斩获，很大程度上取决于后宫里某一个女人提供的性服务的质量。这女人所提供的性服务的质量，不仅决定女人的价值，还决定一个女人能占有多少社会资源——性服务质量的一个比较重要的指标就是能否生出娃娃来。

如果这事儿放在传统（传统的另一层意思是老旧，延伸出来的意思是封建）的家庭里，或许取决于是否生出男丁，男丁的数量和质量如何。

于是就可以理解，为什么有的男人和婆婆一心想要孩子，女人生不出就会忐忑不安；为什么有的女人生了残障的或者身体不好的孩子就会抬不起头来。

读梅兰芳相关生平，感慨颇多。梅兰芳的第一任老婆王明华生下一双儿女之后，以为地位已稳，为了扫清梅老板身边的莺莺燕燕，毅然做了结扎手术，没想到一双儿女早夭，只好支持梅老板娶福芝芳，并且据说为了抗衡福芝芳，而将孟小冬介绍给梅老板。

如果说女人的性服务换来的是分享社会资源的可能，那么关于女人的身份、地位、权力等关键词目前还只是要约。只有结婚了，这种要约才会变成合同。

如果社会资源无法转化为经济资源，那么这个所谓的资源或许是海市蜃楼。

曾经遇到希望与我们合作的朋友，每每谈起他的社会资源，都说得天花乱坠；但是如果社会资源不能最简便、快速地转化为经济资源，那么这

书中自有黄金屋，脸蛋可以换大米

个"资源"未必真的那么有价值。

所以，对于女人来说，仅仅在男方家里或者他的生活圈子里获取什么样的社会地位，还是很虚的名头，因为这只代表着契约或者合同还没有彻底兑现，而生一个儿子得到男人或者婆家送一辆车——这才是合同正式兑现的实质，明码标价，现大洋兑现。

还记得张爱玲的《金锁记》吗？七巧嫁给了瘫子，因为她可以分得瘫子应得的部分家产。

生活中有很多这样的案例，比如某女星生了孩子，她的丈夫或者公婆就会表态，或者起码媒体会传来消息说，她将会得到什么礼物，通常不是房子就是车子，总之比较贵重。

为什么女人越来越看好经济实力雄厚的男人？性资源无论让谁使用都是个使用，既然这样，那就选择一个投资回报率高的男人吧。

为什么女明星，尤其是名气稍大一些的女明星有更多的机会和筹码呢？因为除了她们的名气本身就是筹码之外，她们的基因或许更好一些，而有钱的男人，既然已经占有了一定的社会资源，就有更大的机会和能力获取优质的性资源——更好地传播基因的性资源。

有钱的男人想娶的女人除了能很好地传播他们的基因之外，男人的独占特性导致，他们选择的女人最好是身家清白的，就算不能百分之百真的清白，那就相对清白。同时，因为他们占有更多的经济资源，自然会有形形色色的女人希望通过他们获得经济资源，所以这样的男人难免有绯闻，有小三，有出轨、劈腿的机会。

男人总以为自己得了便宜，其实，在其中掘金的女人未必不喜笑颜开。

她们难免会被别人指指点点、说三道四，但是正如一句俗语所说："水至清则无鱼，人至贱则无敌。"掘金女们在乎的不是名节，而是财富。

曾经参加过几次商务会议，常见山西某煤炭集团的一位土包子老板，

男人靠得住，女人能上树

身边带着一个漂亮的女孩。八卦人士说，女孩才跟了煤老板半年，在北京已有了自己名下的房产，而且是别墅。

无独有偶，2006 年时，亲眼看见一个同学的妹妹开上了一辆宝马 X6。这姑娘长得并非花容月貌，似乎连中等水平都不够，当年上的是中专，然后跑到北京某学校继续读书，机缘巧合认识了在北京小有成就的某中高端餐饮大亨。

据说这位餐饮大亨是南方人，创业之初曾在码头上扛过麻包做过苦力。不知怎么两个人就走到一起了。认识不到一年，男人已经为女人在三环内买了两套房子。她并不要求男人和发妻离婚，而且据说这潮汕男人挺重情义的，因为发妻和他一起吃过苦受过累，尽管他在外面彩旗飘飘，但是家中却红旗不倒。

两个人在一起不到三年，女孩赚到三套房子，分手时还得了一辆宝马。女孩顺利分手之后不到半年，就找了一个硕士精英男友。

有一个女孩感慨："如果她男朋友知道了她的过去，该怎么办呢？"

另一个女友露出大灰狼教育小白兔的姿态："你怎么知道她男朋友不知道呢？"

是啊，换个思维去想，这个男人交一个女朋友，起码少奋斗 10 年。10 年时间，他有精力去做他人生中最有价值的事情。至于 10 年后——10 年后面临中年危机，男人也会有一些钱了，接下来会发生什么——你猜你猜你猜猜猜。

经济理论不是告诉我们吗？金钱，包括财富的价值，就在于其流动性！

好吧，说到这里，总觉得似乎对女性朋友们不公，因为毕竟有很多女人不仅事业有成，生活上也是自立自强，甚至赚的钱比男人还多，做得比男人还好。

李安的太太就是这样的女人。李安在成名前一度吃了 6 年软饭，太太不仅不逼着他出去工作，还开导他，让他不要去干能养家"没才华"的事情。后来李安获得国际大奖之后，有一天陪太太逛街，被邻居看到，邻居惊叫道："李太太，你好幸运啊，你老公都有空陪你逛街！"

李安的太太很淡定地说："你有没有搞错呀，是我有空陪他逛街好不好！"

相比于很多女人围着成功男人转，还未必能被成功男人多看一眼，这样的女人让我们扬眉吐气，我们得向这样的女人致敬。

男人靠得住，女人能上树

既然男女面对的是一个以经济关系为主导的市场，女人们也不要太当自己是无价宝，别人都是无情郎。再好的东西有价无市没用，好或者不好，卖上好价钱是关键，卖完之后再考虑保养和维修。

·明媒正娶是婚姻市场中的商品交易·

以前一直不太理解，为什么很多女人对明媒正娶那么在意，结婚是两个人的事情，何苦把一件原本属于个人隐私的事情，弄得那么隆重、张扬呢？

后来看《红楼梦》才明白，王熙凤之所以十分嚣张，是因为她的陪嫁多，王熙凤自己也曾炫耀过她的嫁妆。

有人考证说，林黛玉之所以受到贾母的宠爱，是因为林黛玉来投奔姥姥家的时候，把家底都打包，用船运到了贾家，相比较而言，史湘云的地位似乎就差了许多。

所谓明媒正娶，和商品交易的流程很像，一边是物品：陪嫁三万两黄金的长房乖乖女，一边是价码：三品官员嫡长子（官品及社会资源作价两万两黄金，老子为儿子安排的前程作价八千两，余下两千两是嫡长子的话语权和财产继承权），而所谓的媒人，跟超市里的导购、房地产中介的经纪人差不多，总之是为了撮合生意，至于他会拿到什么好处，是名还是利，或者是积德行善，我们不得而知——总归不会做完全没收益的工作。

男人需要"家底"和"资本"，女人也一样。

在北京、上海这种房价越来越像游戏积分一样的城市，有套写着自己名字的房子，对于男女来说，都是一个不错的筹码。只是，不幸的是，很多大龄女，终于有了一套房子，哪怕是按揭买的——等她高兴完之后，发现自己原来并不那么需要男人。

前几天听到一个熟人的故事，更加确信，房子是一种最有效的泡妞工具。

这位大龄钻石男已在上海静安置业，据说他家老爷子当年独具慧眼，在百万元就能买一套不错的房子的 2002 年前后，将部分做生意的钱投资买了房子。

他从国外游学回来，家里给介绍了几位世交的女儿，他对她们没有一点儿兴趣，为防止伤了两代人的和气，父亲终于松口：随你去吧。

后来，媒婆介绍的姑娘都是奔着他家的房子来的——幸亏大部分房产在他父亲的名下，不然说不定他会被谁捆住了逼婚。

男人刚摆脱几位女朋友，为避风头，到北京来工作。为了能找到心地纯洁不贪图钱财的女朋友，父亲帮他租了一套精装修的三居室。

和新准女友见面都是出去吃饭喝茶，后来渐渐发现他的交友成本在直线上升，而且经常无功而返。一是为了节约成本，二是为了方便，他干脆带准女友到住所约会。

结果女人们都问："哇，房子是你买的吗？"

开始的时候，他很耐心地解释说是公司帮着租的，结果女人们要么是不相信，要么是相信了之后露出失望的表情。后来，痛定思痛，他干脆就说是自己买的。没想到，女人们都好像忽然有了感觉，纷纷将自己虚拟为这个房子的女主人。

这位哥们也应景，渐渐发现，房产证某些时候很可能等同于准生证，既然这样，还结婚做甚？往往把情绪调动到一定程度之后，干脆就暗示或者明示：这个房子需要一个女主人。

没想到，他的约会对象似乎都达成默契，极力展示自己做家庭主妇的天分或者潜质，不仅乐于跟他一起买菜回家做饭，还顺便像女主人一样地住了下来。

这位哥们渐渐从骑虎难下变成乐此不疲。并且感慨，鸟类社会都是雄鸟筑巢，这是很科学的。不筑巢的雄鸟，比如企鹅，只好用自己的肚皮孵化幼仔了。

据说每周都有两个以上的女人，轮番到这房子里当家庭主妇。而他，对结婚反而不是那么热衷了。

他的朋友们最担心的，就是几个主妇同时出现在同一个房子里，那就有好戏看了。

在男女的博弈中，女人也会不断地增加筹码。

加注的方式有很多种，比如学习才艺、练习厨艺，比如保养皮肤、保持身材。据说亦舒阿姨在小说中写道：女人有个好文凭，不是为了做什么样的事情，而是婆婆不会欺负一个高学历的媳妇。

有位女星，最近整容复出了，据说在她年轻的时候，就因为没啥学历，一直不容易嫁出去。可见学历的含金量还是很高的。

当然，学历并不是万金油，不然女博士带来的恐慌不会这么严重。我身边就有一位女博士，已然 34 岁了，却无人问津。

对此，明眼人的说法是，真正吸引人的是这些所谓的硬件转化成的魅力，而不是硬件本身。

尽管如此，如果没有硬件，何来硬件转化成的魅力呢？

朋友说起她公司有个小姑娘，163厘米的身高，才98斤，天天宣称要减肥，因为觉得胖。女生们每每都鄙视她的娇情，可是她却说起更惊悚的，她的朋友，因为觉得自己腰粗而去医院开刀拿掉两根肋骨。

这也难怪修补处女膜这种生意越来越火，据说处女膜是除了学历、身高、家产之外的另一项资产，很多女人不愿意面对自己在交易市场中的弱势，于是就赶紧加以包装。

女人越是折腾，男人越是疑惑：女人啊，你知道自己的目标市场在哪里吗？

对此，一位手下拥有若干剩女的文化公司老板总结道：剩女们对这个世界存在误判。

办公室里的剩女们都沉溺于吹捧与自我吹捧、满足与自我满足、幻想与自我幻想中，明显具有不自知的特点，对男人明显怀着不靠谱的期待。她们择偶的标准是高大帅气，仪表堂堂，有钱，有品位，而且对她们要百依百顺。

该老板每次说起来总是忍俊不禁："拜托，订做充气娃娃都不能要求这么完美，何况是人？"

每个人的出生，除了上帝睁一只眼闭一只眼之外，他们的父母也无法保证自己是经过深思熟虑还仅仅是由于不小心，所以哪有完美的男人？

就算真有这么好的男人——你是谁啊，还能落你头上？

既然男女面对的是一个以经济关系为主导的市场，女人们也不要太当自己是无价宝，别人都是无情郎。再好的东西有价无市没用，好或者不好，卖上好价钱是关键，卖完之后再考虑保养和维修。

不少女星年轻的时候要么绯闻缠身，要么心比天高，一直到过了生育的最佳阶段才想明白，娱乐界不是她们的久留之地，长江后浪推前浪，前浪死在沙滩上，应抓紧时间结婚生子。

可是你仔细想想，有几个女星嫁给了传说中的王子？

要么龅牙，要么矮小，要么老，要么胖，要么有家庭暴力倾向，要么花心，要么刚闹完离婚。

我曾经听乡下亲戚用一句话概括婚配原则，尽管粗俗，但话糙理不糙，仔细想想，还真是这么回事儿。

他说："嫁女儿图圈不图猪，就像卖小猪仔，只要对方家里的圈好就行；相反，娶媳妇就图猪不图圈，像买小猪仔，要求猪仔好，而不苛求小猪仔之前住的什么圈。"

最浅显的语言，却道出了最深刻也最实用的道理。

恰好在生活中有人实践并证明这是一条真理。

前段时间参加一个家庭聚会，其中有一位主妇聊到她大学同学的婚姻状况，深觉匪夷所思。那个当年的班花，嫁给一个小煤窑老板，她继续住在北京，而她老公却必须回到"穷乡僻壤"去工作。

但是那个班花每每说起自己的老公，总是流露出一种深情款款的样子，她把老公常挂在嘴边，似乎在炫耀她钓到了一个"金龟婿"，比如，她常说的话就是"记到我老公账上"、"让我老公来买单"、"我介绍你们认识我老公"。

后来，大家果然有幸见到她的老公，就像见到了牛魔王或者黄袍怪，女人们都花容失色，男人们都目瞪口呆。

这个男人身材矮小，远看过去比女人矮一个等级。

这个男人皮肤黝黑，据说，如果不穿衣服或者穿暗色衣服，走在柏油路上，别人一定以为他是路面的一部分；到了晚上，不关灯不太容易看到，关了灯只能上手抓才能找到。

书中自有黄金屋，脸蛋可以换大米

这个男人奇丑无比：鼻孔朝天还有龅牙，实在不太像升官发财的命。

这个男人土得掉渣，女人花枝招展，极有品位，据说一次开会去宾馆登记，宾馆的保安只让女的进，差点把男人赶出来。

很多人怀疑班花是否真的爱这个男人，后来大家去她家里做客，发现：很可能真的是真的！

或许因为他足够爱她，为她提供了一切条件，让她可以拥有期待中的生活方式，所以她也爱他。无论她是因为爱上一种生活方式而爱上他，还是她爱他顺便爱上自己期待的生活方式，我们不得而知。总之，她获得了她需要的东西。

这个年头，漂亮脸蛋不仅能换大米，还能换房子和车子。

以前听人说过一句歇后语："大姑娘要饭——死心眼。"这个年代，一部分漂亮姑娘已经学会如何利用自己的优势获取自己想要的生活了。

至于爱情，如果一个男人软件硬件都没有，你愿意跟他谈一场以结婚为目的的恋爱吗？——如果有这样的恋爱，估计你们深入的方式就是最终表白：咱俩不适合谈婚论嫁吧。

> 在爱情或者婚姻市场中，所有的男女都像是超市货架上的物品，分门别类地罗列着。所有条件加在一起，总是可以做出一个数学模型，总是能够根据一个函数公式计算出一个数值。

·情感投资是要连本带利收回的·

这是一个男女平等的世界——起码金钱面前人人平等。

不要以为男人不明白，男人在基因传播压力和社会压力之下，甚至很可能变得更明白，也更势利。

男人的性吸引力和其对社会资源的占有程度有着密不可分的关系，古代社会，功名可以换取社会资源；当今社会，估计经济实力就是社会资源的量化标准了。

当男人明白了这个道理，他们就变得异常聪明了。

有一位男孩和女友恋爱 4 年，他的父母是三线城市的公务员，尽管衣食无忧，但是只愿意支援儿子 100 平方米之内房子的首付；女孩的境况相当，她的父母只承诺结婚的时候会陪嫁给她一辆价值十余万元的汽车，房子爱莫能助。他们自己也知道，父母忙碌一年的收入未必够他们在北京买一个卫生间。

所以，他们经常为了房子的事情烦恼、吵架；女孩坚持，一定要有房子才结婚。

于是他选择分手。分手后，他很快找到一个已婚还带着孩子的女人，并且闪电式结婚，迅速搬到女人位于北京五环外的别墅。

面对他人的疑惑，他是这样解释的：

他对现任的妻子说："一直在寻找一种家的感觉，只有你能给我这种感觉，让我的心安顿下来。"

他对前女友说："我所有的爱都给了你，已经没力气再谈恋爱了——就找个女人过日子吧。"

他对岳父岳母说："她一个人生活了这么久，受了这么多苦，我希望能照顾好她。"

只有在喝多的时候，他才跟哥们吐露真言："女人嘛，关上灯都一样——再说了，结个婚起码少奋斗 10 年吧，而且离过婚的女人筹码就少了，也没那么多事儿！"

这个时代，男人已经看清婚姻的经济属性了，"嫁给"一个条件好的女人，有什么不可以！

几年前，一个朋友请我陪他从外地来京的家人——主要成员是他的姐姐——逛街买结婚用品。吃饭的时候，看到姐姐的结婚对象甚是殷勤，不由自主地赞叹："你姐夫对你姐真好。"

他笑了笑："是啊，结个婚啥都有了，他起码少奋斗 10 年，能不好吗？"

曾经有一个男性朋友，原本大家关系都还好，可是他渐渐地从朋友中间消失了，后来听人说，他每天都会陪女朋友打网球，天天如此，雷打不动。长期的付出终于赢得女孩的青睐，最后和那个女孩结婚了。

女孩家庭条件优越，据说住的是四层的大别墅，家里价值百万以上的车子有4辆。他与朋友们更加疏远，原因是：我家某某不喜欢别人去家里——其实未必是人家不喜欢，而是他想遗忘从前的生活方式，习惯另一种生活方式。对此，朋友们的评价是："为了大别墅，别说朋友了，亲爹也可以丢啊！"

后来这位男士成了当地知名的成功人士，不仅住着别墅开着好车，还经常在电视上出现。

有一位在国际资本市场上一度风生水起的人，因故蛰伏几年，在此期间开始着手写回忆录，我有幸读到部分草稿，其中提到，他读大学正好是20世纪90年代初期，有一位女生系名门之后，受到很多男同学的追逐。男同学的逻辑很简单，想实现政治抱负，要么做秘书，要么做女婿，而女婿比秘书的后台更硬，地位更稳固。

这让我想起多年前认识的一位大叔，后来涉嫌关联交易跑到美国避险，很久不敢回来。很奇怪他连丝毫的经济常识都不懂，却有那么多人趋之若鹜地邀他出山，参与并购、增资扩股、股份置换等事项，后来八卦之后才知晓，原来他是某位领导的前女婿，而他后来的老婆，是新任政府要员的女儿。

记得小时候读鲁迅的杂文《拿来主义》，文中有一句话："且不问他是骗来的，抢来的，或合法继承的，或是做了女婿换来的……"和谐社会禁止做骗啊抢啊之类的违法事件，但是总不能连给人做女婿都禁止吧？

那些最初从道德层面上鄙视别人的人，看到人家活得风风光光，也难免感慨一下："那小子，脑子就是灵光。"

说到底，爱情是一种经济关系，婚姻则是这种经济关系的固化形式。

传统婚姻讲究门当户对，说的其实就是经济力量的对等。是的，还有文化——别忘记，文化需要经济基础，而且，文化也是综合实力的体现。

还记得《泰坦尼克号》吗？一个穷将末路的贵族寡妇，为了所谓的未来，准备将女儿嫁给一个富有的家庭——其实这是一种资产置换，没落贵族希望利用他们的壳资源，与业绩良好的暴发户精诚合作，从而获得可观的资源收益。

日本历史上有一个时期，没落幕府家族的后裔要和海盗家族的成员结婚，因为，幕府没落了，但是还算精神上的贵族；海盗家族则是暴发户，富贵富贵，尽管富不一定贵，但是没有富，怎么会贵呢？

只是相比较于传统婚姻，社会进步的过程导致评价系统日益多元。所以，很多现象未必能直接看出来是"经济关系"。比如有一位朋友就很骄傲地宣称，自己读书很在行，混得名校的文凭，混入好的公司——只想找一个知性的女人结婚。

遇到这样的人和事，女人们总是不忍心刨根问底，以免她仅有的美好感觉因为真相浮出水面而彻底丧失。

在爱情或者婚姻市场中，所有的男女都像是超市货架上的物品，分门别类地罗列着。所有条件加在一起，总是可以做出一个数学模型，总是能够根据一个函数公式计算出一个数值。

任何一个获得高分的男人和女人，他们的分数被分解之后，一定对应着非常具体的条件。

如果愿意做这样的尝试，不妨进行一个模式化的描述。

比如身高180厘米年收入50万元的硕士高尔夫男——或者身高172厘米年收入5万元的本科技工男，这样的描述背后，是一系列的数据和价值分析。

如果一个女孩顺便会弹钢琴，你会对她另眼相看；可是如果一个女孩说自己蹦迪很在行——你怎么看？

女孩身高合适，身材曼妙，尤其是前凸后翘，在婚姻市场上很容易加分，可是如果这个女孩身高 150 厘米，体重 160 斤，在婚姻市场上肯定会减分。

无论男女，身高、学历、长相、体重、性情，甚至专长和业余爱好，都可以计分，然后根据每一个人的得分，做出一个数学模型。就像逛超市一样，有多少钱买多少东西，公平合理。

明白这个道理的人都会设法给自己加分，比如减肥。

亲眼目睹一个女性朋友减肥成功之后，开创了一个全新的人生。

她减肥之前，从初中到大学，几乎没有一个男生肯多看一眼，而当她减掉 30 斤肥肉之后，顺顺当当地和一海龟男谈起了恋爱。

当然，这种几率基本上和走在大街上被星探发现的几率一样。只是女人们通常不会去想几率到底有多大，背后到底需要做哪些更深入细致的工作，而是以为像投机一样，只要有一项指数偶尔达标，就会有全盘收益。

一部分女友开始了各种学习，除了跆拳道这种既可以自夸又可以佯装防狼的技术之外，女生更热衷于学习外语、器乐、网球。

很多女人学外语，除了所谓的为了工作需要外，更多的是寻求一种对话空间。据说改革开放初期，有些外语学院的女生专门在老外聚集的区域和老外厮混——这种案例有一些极端和特殊。

但是仔细想想，一个女人如果外语好，她能够得到的收益，除了有机会找一份与外语密切相关的工作之外，很可能有机会找一个与外语密切相关的人，过一种与外语密切相关的生活。

有一个女生在实习的时候参观了一家世界五百强的欧洲公司，在毕业之前就下定决心学习外语，减肥，并且学习服装搭配。因为"他们公司的

书中自有黄金屋，脸蛋可以换大米

人带着明显的文化痕迹，我得与他们保持同等文化感"。她所说的"同等文化感"还包括，那个她仰慕的金发碧眼的男人对法国芝士非常有见解。

何谓同等文化感？当你穿着高跟鞋、抹着名牌化妆品趾高气扬地在办公室里晃悠，遇到一个低学历脏兮兮的男人，就算他收入很高，你确信你们会有同等文化感吗？

有一位3年前已经月收入2万元的女友终于和一个她极为欣赏的男人结婚了，与她的假富豪前男友相比，这个男人年轻，帅气，真诚，不像假富豪那样动辄号称自己有怎样的学历和身家。这个男人坦白地承认自己没什么钱，但是愿意带她周游世界，而且确实也带她去了——有一段时间她甚至成了半只野驴。

他不像假富豪那样有个大肚子，那个假富豪尽管只有40多岁，那肚子已经让他看上去很像中老年男人了。这曾经给她带来很多困扰，比如她明明是跟他谈恋爱，却一直被人当成二奶甚至三奶评论。

这位新男友热爱运动，尤其是户外运动，一度小腹上六块肌肉若隐若现，和他在一起她觉得自己也年轻靓丽，富有活力。

可是他们结婚不到半年，竟然离婚了。因为这个男人不爱上班，一个月只有不到4千元的收入，他们在一起的时候，他理所当然地觉得她的钱就应该给他花。

"你连钱都不赚，算什么男人？"

女孩终于抛出一个虽然肤浅但是最真实的问题。她忘记了，跟假富豪男友相处时，她最深恶痛绝的，就是他炫耀财富时的嘴脸。

情人节的时候，很多网友感慨，这一夜，你跟别的男人在80元一夜的旅馆里睡了，日后却要求我必须有2万元一平方米的房子才能娶你。

是的，大多数女人在谈恋爱的时候都傻头傻脑，摸不清门路，所以，很多女孩最初的爱情都与金钱无关。她们和一个号称爱自己的人手拉手走在铁轨上，一走走很远都不觉得累；她们和那个号称爱她们的男人在街头吃五毛钱一串的臭豆腐逛不收门票的公园，甚至为了逃几块钱的门票而翻墙或者走小路。这些画面拼接成了她们初恋的记忆，关于青春的记忆。

很多男人接受不了自己的女人回忆初恋男友，很多女人却乐此不疲地沉溺于纯真恋情的回忆里。

不知道是哪种教育模式，给女人以奇怪的暗示和明示：女人跟男人在一起时，脑子里没钱、没性，这个女人才是纯洁的。于是很多女人不停地回忆和反刍，以确定自己是纯洁的——她们爱的不是对方，而是爱情故事中那个不谈钱也不谈性的纯洁的自己。

可是那些以纯洁的标准要求她们的男人，最终不仅让她们失去了纯洁，而且还不纯洁地离开了他们。男人的托词是：我们没有未来；我不希望你跟着我受苦，你应该拥有更好的生活。

如果她们很不幸地遇到更糟糕的男人，她们听到的托词是：我要生存，我要发展；她的家世比你好；她能在事业上帮助我……

有一位同事说过她的表兄，在读研究生的时候就和一个读本科的学妹同居了，女孩家世清朗，两个人很是让人羡慕地在一起相处了 4 年，女孩本科毕业后就工作了，一度两个人的花销都由女孩承担。不仅如此，该男去健身房的会员费、打网球的会费，甚至买专业球拍的钱，都由这个女孩负责——可是男人读了博士，在毕业前夕跟女孩分手，"嫁给"一个据说身家上百亿的某家族企业的女继承人。

女孩很无奈地面临自己已大龄的事实，眼睁睁地发现自己原来不过是个孵化器。

试想，谁不愿意找一个帅气、年轻、高学历又温柔体贴的男人——如果他的腹部还有六块肌肉？或者恰好自己的家庭就需要这么一个"知识型"的成员呢！

男人也一样，他们非常明白这种生存逻辑，很多男人拼命赚钱，是因为他们知道，漂亮的脸蛋可以换大米，更好的房子可以换美女。有另外一些男人，走的是另一条路线，他们努力读书，让自己成为名校的高材生，练就一副精英范儿，走出去可以填充门面。

当然，也有一部分女人明白这个道理。

我曾有一位好友，坚持学习古乐器，读古典文学，别人很奇怪，问她为什么对身边的男生不感兴趣，她总是嫣然一笑：我要差异化竞争。后来的后来，她遇到一位山西籍富翁，把自己的悍马让她开出来请大家喝茶，一边对她繁琐的小情调保持些许的轻视，一边却希望自己的女儿将来能像她这样典雅、高贵，让他觉得自己的钱不是"臭钱"。

尽管他未必听得懂她念叨的花啊酒啊雪啊梅啊的，但是冬日的下午有她陪着喝两个小时的茶，倒也觉得神清气爽，心神安宁，顺便还对自己的脂肪肝有一些疗效，为此他不惜和发妻离婚，甚至一度和儿子断绝关系。

可见，对情感或者婚姻进行投资并不是男人独有的本领，其实，很多女人已经在偷偷地做了，只是我们并没有将其提升到"投资"的高度。

有一位老大姐讲起20多年前的旧事。当年她在珠海，和一个香港小开称兄道弟，相处甚欢，小开经常一早开车从澳门赶到珠海请她以及一帮姑娘们吃早茶，而她经常赖在被窝里不愿意起来。

不久之后，有一位姑娘，知道小开吃早餐不方便，于是每天早上从澳门某处著名的茶点店打包某种茶点，跨海送来，不仅送给小开，还给姑娘们买——即使小开不在珠海，那姑娘仍旧乐于奔波，给小开的朋友——包括这位姐姐每天花两个小时以上的时间送早点。

两年后，那姑娘终于嫁入小开的小豪门，他们举办了盛大的婚礼。

在现场，很多人觉得这位姑娘实在是幸运，倒是这位姐姐看得明白：她的投资终于获得了回报。

还记得年少的时候看《格调》一书，里面有这么一个论调：长得漂亮的女生容易走向更高阶层。

　　其实，女人"走向更高阶层"的叩门砖不一定是漂亮，起码不只是漂亮，除了脸蛋之外，女人有更多的资源，比如非凡的才艺、温柔的性格、优良的基因以及基因传播能力。更高阶层的人自然希望自己的基因能够更多更好地传播，即使寻常百姓家还得延续后代，何况是"更高阶层"的家庭。

书中自有黄金屋，脸蛋可以换大米

> 男人不离婚，有的是因为不离婚已然可以胡作非为，没必要再整点没什么积极意义的事情——即不做收益不明确的投资；有的则是生怕离婚对自己有什么负面影响。对于很大一部分人来说，最大的影响其实是财产——他们不离婚是一种止损手段。

·婚姻是一家合作公司·

尽管梁洛施和李泽楷分手了，但是女人们对梁洛施的钦佩还是如滔滔江水一般绵延不绝。

如果一个女人在和一个条件好的男人谈婚论嫁的时候，能够获得公婆的支持，那么她的胜算就会大一些，即使离婚，也可能在婆婆的支持下，获得效益最大化。前港姐谢玲玲就是成功的案例。这样的媳妇固然是好媳妇，这样的婆婆也一定得了不少好处的。

不过，就算是富豪，就算是港姐，就算是有婆婆支持——离婚还是有可能出现的。如果结婚证是一份合同，那婚姻则是一家合作经营的公司，总有分家的时候、破产的时候。分家需要厘清利益，而破产需要清算。

说到底，婚姻这码子事，从恋爱到散伙，都是按经济规律运行的。

但是，很奇怪，在结婚前，大部分男人都处于相对劣势的地位，女人们有资格挑剔一下，或者提一些条件，比如房子车子票子，可是结婚之后，尤其是人到中年之后，女人手中的牌反而越来越少了。

有个段子说，中年男人的幸事就是升官、发财、死老婆，可见中年女人的处境多么尴尬，在成为黄脸婆之外，还成了怨妇。二奶、小三的出现，显然对婚姻中的女人的经济利益提出严峻的挑战。

不是说男女平等吗？婚后财产共有，男人赚到的钱女人有支配权——可是男人就是拿着两个人共有的钱去养了小三包了二奶，很多正房太太不仅被剥夺了性权利，分享了性资源，连经济利益都被分割了。令人奇怪的是，很多人并没有选择分家或者鱼死网破，反而睁一只眼闭一只眼。

一群朋友吃饭，男人中也有八卦的，说有一个老大哥就是这样，他年近50岁的老婆非常明确地跟他说："出去怎么玩都行，记得回家。"

老男人甚是感慨，觉得自己的老婆真是通情达理。其实女人是两害相权取其轻，经过一番权衡，觉得这样做对自己是利益最大化。因为她已然苍老，离开男人没有更合适的社会角色，也没有更合适的生活方式。

大部分男女在结婚之后，女人的事业和身体机能就在走下坡路，而男人将一些家务比如洗衣做饭分包给女人之后，有更多的精力投入到工作中，他的事业蒸蒸日上，而身体机能却不会像女人那样急剧下降，相比于女人，男人的衰退过程毕竟要缓慢一些。

很多中年男人，几乎不愿意回家，似乎他们回家是给家里黄脸婆面子。

遇到这样的男女，你可以问问，既然如此，他们为什么不离婚？

所谓的感情吗？是的，有的，包括左手握右手的那种亲情——但是，在男人出轨的时候讨论这些亲情，显然，情感的筹码要轻于利益的筹码。

男人不离婚，有的是因为不离婚已然可以胡作非为，没必要再整点没什么积极意义的事情——即不做收益不明确的投资；有的则是生怕离婚对自己有什么负面影响。对于很大一部分人来说，最大的影响其实是财产——他们不离婚是一种止损手段。

偶尔和一些 35 岁以上、婚龄 5 年以上的男人们聊天，很多男人到了一定阶段对自己的女人已经没有什么兴趣了，对婚姻也没什么激情了。

而他们和他们的女人都不愿意离婚，因为他们已经看清了婚姻的实质。说到底，婚姻是一种合作，大家搭配着过日子。

女人需要有人养家糊口；男人需要有人做保姆、收拾残局。

甚至很多 40 岁左右的男人，在所谓的中年危机来临的时候，首先想到的是找个小姑娘，以证明自己还有吸引力，还年轻，还有体力——当然，他们并不知道，这其实是一种虚假繁荣。他们这种近乎本能的反应，为我们提供了一个更加明确的证据：男女关系，说到底是经济关系。

男人靠得住，女人能上树

❻ 玩转情场的美人心计

——"爱商"比"情商""智商"更给力

> 老人家说，女儿要富养，儿子要穷养，其实是有一定道理的。无论是结婚前还是结婚后，生活中的琐事就那么多，如果你全做了，大家就会以为那是你应该做的。

·傻瓜才做完美主妇·

有时候，女人会说：哎呀，我如果不做，事情就一直在那里呀！

或者有的女人会想：男人是家里主要的经济支柱，他应该做更重要的事情！

果真如此吗？有一位姐姐的父亲从中将的位置退休，现在每天骑着自行车买菜、做饭。他年轻的时候，只要不出差，每天回到家里，哪怕是深夜3点钟，都要把家里的地板仔细拖上一遍。

他的伴侣从谈恋爱起，工资就比他高，工作中也是响当当的一把手，但是她的言论是：你不做谁做？谁不忙？谁不累？

相反，很多男人不做家务，并不是因为他们身价高——而是，他们的力气不足以应对生活的压力，所以回到家装装大爷，从中获得虚幻的心理满足感。

对于做家务，一个女朋友的招数是，和老公商量好，一个做饭一个洗碗。可是执行起来总是有困难，因为他老公每次吃完饭，总是不想动，从等一会儿开始，到等了一个晚上还是不洗。

开始的时候她还帮着洗，后来发现，他竟然觉得她应该洗碗。然后，她不再洗碗，不仅不洗，而且不做饭了。天天请他老公外面吃饭，让他老公出钱。后来的后来，需要添置大件的时候，他终于发现，大件的钱全被吃掉了。

可能有人会问："那么，以后他老公一定会洗碗吗？"

不一定，但是，他们请了保姆。

懒惰不是优点，这一条必须说明，但是，过度勤劳也不是优点。

有一个女性朋友，人比较勤快，喜欢吃饭的时候帮别人盛汤。后来一大家子人吃饭，谁吃完了就自然把饭碗放到她跟前，以至于她吃一顿饭会被无数次打断。

开始的时候她甘之如饴，为家人做贡献自己也开心。后来发现，大家不仅让她做，还对她做的事情指手画脚，挑三拣四。

最后，她只能以罢工收场。如果不罢工，自己辛苦不说，还遭人埋怨。

很多时候，你出于善良、爱，宠坏了别人，结果，反而没有人宠你，体谅你。

老人家说，女儿要富养，儿子要穷养，其实是有一定道理的。无论是结婚前还是结婚后，生活中的琐事就那么多，如果你全做了，大家就会以为那是你应该做的。

一个好朋友的妈妈，对她的千叮咛万嘱咐就是：到你婆婆家要做点事情哦。

但是这个好朋友，每次做事情总是浅尝辄止，她自己的家务由钟点工来做。有一次她婆婆当着她妈妈的面指使她拿个东西。她妈妈看到她的大姑子正闲着，也让她的大姑子帮了一个小忙。

老人家的心思真是有意思，又要自己的女儿不要表现得不懂事，给人落下话把儿，又不愿意别人随意使唤自己的女儿。于是，那次事件就成了"换女儿使唤"，有点儿易子相食的意思。

一位女同学，结婚前，到婆婆家，开始的时候是出于礼貌帮婆婆做事，结果婆婆每次都很自然地喊她帮忙，即使她身体不适，她男友和婆婆都不会体贴。

后来有高人指点："你去把指甲做了，做最好的，看她还舍不舍得让你择菜！"

她有两种选择，要么继续辛辛苦苦地做家务，做完继续找朋友抱怨；要么听从建议。

最后她听从建议，到了婆婆家第一件事就是炫耀了一下刚做的指甲，并且说明是别人请客，自己没出钱。婆婆和她一起欣赏了一番，做饭的时候才想起来，没办法指使她干活了。

对于做家务，有一位好朋友总结得有意思，她说："我会做，我也常做，我也知道该做，但是谁都不可以自己不做，反而指使我做。"

有一个阿姨，简直是符合公共标准的完美主妇。面容姣好，注重保养，快60岁了，看上去也就40多岁的样子。哪些蔬菜抗癌哪些蔬菜含有哪种维生素，她都烂熟于心。每餐饮食都科学搭配，三餐搭配也力求科学，甚至吃饭的时候也按科学分量给儿子和媳妇夹菜。客人不小心丢在她家的手套或者发卡，她一定会收拾整齐，清洗干净，放在固定的地方。牙刷到了该换的时间，她会统一给全家换……如此种种，不胜枚举。可是悲剧出现了，她老公并不喜欢待在家里，即使逢年过节，儿子们也不愿意在家多待一天。

她总是很苦恼："让他们回家，什么都不干，我伺候他们，他们都不愿意回来。"

可是认识她儿媳妇的人传播的信息是，对于婆婆，儿媳妇哭笑不得：她什么都不让别人帮忙，别人好心帮忙，她总是看不惯，指责这个，指责那个，如果你不帮忙，她又不停地说她在伺候你——总之无论怎么做，都无法让她满意；而我们又不可能做出完全符合她期待的所有事情，所以，惹不起，只好躲了！

有一位女性朋友，能力很强，类似于超人，不仅自己生活得游刃有余，还能给人排忧解难，赢得很多人的信赖。某天有位朋友的车坏在路上，给她打电话，她三下五除二就处理好了。从此她声名远播，以至于很多单身的女生或者有男朋友却不想指使男朋友的女生，以及单身的男生或者有女友但是经常不用的男生，将她作为备用，陪修车、陪逛街、陪打胎、陪聊天、陪健身、陪野游，她成了个"职业陪家"。

自然她的人缘很好，她也乐此不疲，可是后来，她完全没有了自己的空间和时间。她发现那些找她帮忙的人，需要她的时候总是甜言蜜语，不用她的时候忽然就可以翻脸不认人。

有一次，一个女生赖着她一个下午都在数落男友的种种不是，到了晚上还满怀歉意地说请她吃饭，可是，忽然女生的男朋友打来电话，她连抱歉都没说完，就撇下她，去会男朋友了。

这位女孩找人聊天倾诉，有些愤愤不平，可是大家最后都爽快地送她三个字：你活该！

男人靠得住，女人能上树

·做饭如赌博，小赌怡情·

记得很久以前，看到气象先生宋英杰的访谈。宋英杰的老婆是他的校友，比他小很多，两个人在一起经常被人误会，以为不是夫妻。

他们结婚后从来不开饭，以至于后来，家里原本驻扎的蟑螂都因为饥荒搬家了。

如果你恰好遇到这么个乐于下馆子，或者注定是饭局动物的男人，他根本不会也不愿意在家里吃饭，那好吧，你们可以过你们的生活，任何形式，只要合适就好。

何况，对于不少害怕虫子的女生来说，这倒不失为一种灭蟑螂的好法子。

《欲望都市》里，专栏女作家对金融家 MR BIG 说："你娶我的时候就知道我像夏奈尔一样不下厨的。"好吧，她不下厨，而他愿意下厨，那自然是再好不过。

可是我们都不是此种类型对不对？我们的男人也不是那个叱咤风云，名利场上三天两头换名模女友的 MR BIG 呀！

很久以前看到一篇著名商界精英的文章，说自己凌晨时分回家，发现老婆、孩子、保姆和狗都睡下了，饥饿难当，连碗粥都没有，甚是孤寂，最终万般无奈，只好开车出来，想找位老友聊天，一看凌晨两点半，想想大家都有自己的生活，实在不便打扰，于是只好开着车在街口的冷风中独自话凄凉。看看，只要是中国男人，吃饱睡好，其实很重要！

包括很多所谓的商务大佬，都经常在自己的围脖上秀早餐秀加班果腹用的面条。

在这个重视"口腹之欲"的民族，吃，其实是一件挺大的一件事儿。而饮食能上升到美食境界的，一定是有农业传统的民族，比如中国、法国、意大利——总之，大部分的家庭还是需要厨房的。

其实做饭本身的意义在于：做的不是饭，而是情意。遇到那些号称不做饭的人，我就会忍不住想：他们连一起洗菜、择菜、品尝汤的咸淡的机会都没有，那么两个人不是少了很多生活乐趣？

当然这个观点一定会遭到反驳，比如，很多人就觉得有才华，有共同的价值观，有共同的爱好，甚至有幽默感最重要。

可是，有的男人娶了有才华的女人，常常因为吃不好而满腹怨言，当有人夸赞他们才华横溢的老婆时，他们会无奈地感慨：如果才华不能转化为口腹之欲，那实在算不上什么真正的才华。

试想，大周末的，两个人在床上赖到 11 点被饿醒，无论多少柔情多少缠绵多少爱，就算对方是郭德纲那么会逗乐，或者比刘谦还会变魔术，可是如果变出来的不是能果腹的东西——那又有什么意思呢？

在很多男人看来，最美的事情不是天天说"我爱你"，也不是天天"随便刷"，而是，天昏地暗地睡醒，听见厨房有动静，房间里飘着饭菜的香气。从伸懒腰开始倒计时，数到30就有人过来说："起来吃饭吧！"而她做的恰好是你爱吃的。

毕竟先人都说，通往男人灵魂的通道是食道。

另外，吃饭其实是聊天的最佳时机之一。

王志文以前接受采访时说，自己不结婚，是因为找不到"随时可以聊天的人"。吃饭的时候可不就是最好的聊天时机之一？哪怕只聊青菜叶子、菜价或者《红楼梦》、《随园食单》中的饭菜，该是多么有意思的事啊……

一个男性朋友祖籍河北，他的祖父当年是地方游击队的负责人，解放初期已经进京，并且成为驻非洲某小国的大使。可见他的家庭条件也是不错的。因缘际会，这位朋友和一个日本女人结婚，以为日本女人都像电视里那样，在老公进门的时候跪在地上捧上热茶，说一句："辛苦了，请多指教。"结婚后发现根本不是那么回事，他甚至怀疑这个日本女人是来寻仇的，因为"回到家，从来没喝过一杯热茶，没吃过一碗热乎饭"。而他倾诉的对象，除了我之外，还有一个感慨婚姻无趣的男人，因为他老婆酷爱吃辣，看见水煮鱼、毛血旺，永远是两眼放光，而他是南方人，喜欢吃清淡、略甜、精细的食品。

所以，除了浪漫之外，很多人还有一句格言：能吃到一起才能爱到一起。

可是，生活里，我们经常看到明显的两极分化。

一种情况是，打动一个男人，先打动他的胃。这几乎是大部分女人信奉的圣经了。所以这部分女人立志要做一个好厨娘。

而另外一部分年轻女性，她们从小就没有做过饭，甚至没有机会学习，也没有心情学习，她们无论单身时期还是结婚之后，家里从来都不开灶。

这两种女人，分别和她们的男人在一起时，那两种场景又会很滑稽。

一种是，男人觉得老婆连饭都做不好，实在找不到家的感觉，甚至缺少饱暖带来的安全感；而那个天天被叫回家吃饭的男人又忍不住抱怨：吃得太好长了一身肉，而且——谁会对满身油污的厨娘感什么兴趣？

他们的女人，也有各自的委屈：会做饭的感叹自己把男人喂得像猪，还是越来越没良心的猪；不会做饭的女人呢，也想不通，既然男人不喜欢满身油污的厨娘，为什么还埋怨我不会做饭？

想起电影《史密斯夫妇》里的主人公。最后，两个人的谜底都揭开，坦诚相见之后才明白，她一直号称自己做饭，其实她找的是钟点工，所以她身上没有厨娘的气息；而他享用完或许并不可口的食物，依旧能投入到他隐藏的杀手事业中，竟然不会轻易被拆穿——因为她做的不是饭，而是情意；他吃的也不是饭，而是家庭的氛围与感觉。

所以，女人未必非要辛辛苦苦买菜做饭——即使你是职业主妇，也没必要把做饭当成一种政治任务。做饭就像赌博一样，是一件小赌怡情的事儿。

有一对朋友，很让人羡慕。

女方喜欢清淡口味的食物，热衷于煲各种汤，但是不排斥任何形式的食物；而男方呢，酷爱排骨与火锅。

于是她周末开一次火，给他煲上一大锅很可能带排骨的汤；其他时间，他们想到什么就去吃什么。手牵手吃遍北京的大街小巷，尽管到了被大家戏称为大叔大婶的年龄，仍旧热爱从网上下载很多优惠券，或者组团四处去吃。

其实，做饭未必是天天必须完成的任务。而吃饭，两个人除了须吃到一起，还须说到一起。

如果这个男人是个项目，有你看好的投资收益率，你是否能盘活他的有效资产？是否能接受他不够乐观的部分，比如负债、机器老化、劳资矛盾，甚至技术更新压力？

· 投其所好，下对钩才能钓对鱼 ·

不要以为男人喜欢你就能容忍你百无一用；不要以为即使你一无是处也有绝世好男人会深爱着你不离不弃。如果讨论结婚和生活，男女之间必须有合作内容，所以女人必须有长处，而且要有合作精神。

就像你通过分析一个上市公司披露的信息就能看出这个公司有哪些问题一样，从一个男人的言谈举止，也能看出这个男人的个性特征，以及这些特征背后潜在的诉求。

有的男人会被温柔的女人秒杀，有的男人则轻易屈服于对他爱理不理的女人，有的男人需要女人当好贤内助，有的则需要一个女人代他处理好与姐妹兄嫂之间的关系。

在女人寻找好男人的时候，好男人也在寻找适合"妻子"这个职位的好女人。求偶和求职有点像，如果真是干得好不如嫁得好，女人真应该拿出求职时一半的水平，求偶很可能比求职更顺。

男人是车，你不仅要会开，还得会修；男人是房子，你不仅要买下来，还得装修、保洁。

而这一切的前提是：女人要懂得如何控制一件事情的进程，达成你想要的目标。

江湖上有很多"成功女人"，都是有谋略，有心计的。

换句话说，幸福的女人一定是适当聪明的，而适当聪明的表现就是：有一定的谋略。

女人如果想经营好一段感情或者婚姻，想玩转一个男人，就得有角色感，甚至要有"职业精神"：对男人要像对一份文件或者一个项目，一丝不苟，兢兢业业。

如果这个男人是个项目，有你看好的投资收益率，你是否能盘活他的有效资产？是否能接受他不够乐观的部分，比如负债、机器老化、劳资矛盾，甚至技术更新压力？

男人是很简单的动物，不仅男人这么说，很多与男人建立稳固而安全关系的女人也这么说。

抓住男人的胃就能抓住男人的心；征服床上的男人，就可以征服床下的男人。

食色性也，不同男人或许有不同口味，但是，总有一个厨子恰好让某个男人觉得"对味"。

了解一个男人很容易，了解他喜欢什么样的食物，大概就能了解他的性格；大概了解了一个男人的性格，就基本能了解他的行为模式和底线。

相比较于男人，女人更擅长做情报工作。很多女人即使做了间谍，潜伏在男人身边，男人也一无所知。

就算男人知道，也会落入女人设下的陷阱——男人把这种陷阱当作女人温柔、体贴、知心的标记，但是，其实是女人发现了男人的弱点，并且下了钓饵。

会下钓饵的女人往往容易得到比较稳固、幸福的婚姻。

女人的钓饵有很多，会下钓饵一定是因为了解男人的需要。

曾经有一个女朋友，认识一个潜在恋爱对象，对其进行了一系列的数理分析后，发现这位年薪40万的投身企业战略咨询工作的海龟，是不可错过的结婚对象。她和这个潜在恋爱对象一起吃了几次饭之后，就明白，这个男人急需一个让他有家庭感的女人，而她恰好可以成为这个女人——很快他们就结婚了。

我见证了他们的恋爱过程。女孩其实不喜欢男人吃饭的态度，男人吃饭总是吃得很饱，如果吃火锅，甚至可以吃两三个小时，中途休息好几次，让胃里的东西消化一下，空出地方，然后继续吃。

在女孩看来，这个男人似乎对吃太关注了，"简直像是逃荒来的"。她将此种现象告诉她的母亲，结果她的母亲给出这么个结论：男人会通过填补肠胃来填补空虚，独在异乡的男人只有吃得足够饱才不会想家。

其实男人吃是因为寂寞，胡吃海喝的男人就像诸多捧着垃圾食品看韩剧的女人一样，她们用这种办法来排遣寂寞，却不曾想过自己已经形成"途径依赖"。这种"途径"是由很多物品组成的，于是她们自然地变成物品依赖——很多单身女人都能感觉到，如果她们没有面膜没有鸭脖子没有韩剧，就会觉得生活异常空虚——甚至人生也因此变得异常绝望。

女人如此，男人也不例外。

任何一种物品依赖的背后，都有这种物品折射出来的性情——包括弱点，也包括需求。

举例说明，酷爱吃肉的男人往往具有肉食动物的性情，比如粗鲁、豪放、自以为是、自高自大，也会有肉食动物的缺陷，比如柔性不足，或者他的内心会有一种他人难以觉察的自卑——甚至存在心理或者生理隐疾，而你可能一直都不知道他有此类隐疾。

　　当然，我也曾认识过很精细的男人，自以为是处女座 A 型血的典型，衣服的颜色要精挑细选，不允许头发有丁点油腻，不允许鞋子上有星点尘土，不允许家里的东西摆放得有些许凌乱——他想对生活有百分之百的控制力，如若不然，他就会焦躁不安——或许他需要一个半母亲式的女人，给他减压的同时，也能与他的一些个性化要求保持一致。

　　男女相处，男人希望女人了解自己。

　　女人在埋怨、指责男人的时候，并不知道怎样才能获取自己需要的东西，反而将大量的时间和精力用于对自己并无益处的唠叨、争执，出发点和实际结果往往南辕北辙。

　　与其这样，女人不妨多了解一下男人，了解一下自己。像谈合作一样去谈恋爱，像对待一个团队成员一样去对待男人，像管理一个项目一样去管理情感和婚姻事务：发现他，抓住他，玩转他！

玩转情场的美人心计

> 男人期待一个贤妻良母型的伴侣，期待对方能解决自己不愿意或者懒得解决的一切问题——而最核心的问题是，他并不想做一个好老公，他只想让自己更自由——自由地穿着人的外衣，却更接近动物本能。

·纯种"贤妻良母"害人害己·

很多中年女人，在听到别的女人痛诉老公出轨带给自己的痛苦时，会非常淡定地劝说："男人嘛，都那样，你只需要求他每天回家就行了。"或者："男人嘛，难免的，只要他把钱都给你，不就行了？"

可见，很多时候，女人是了解男人的，对男人这种生物性恶习也是能容忍的——只是这种了解，必须等到女人年龄渐长和具备一定的阅历之后才会出现。

有一个女友说，她小时候看电视剧《橘子红了》，不太理解归亚蕾演的大太太，干吗非要给自己的老公找小老婆；后来她做了 8 年家庭主妇，发现自己的男人在外面养二奶，而且二奶并没有想扶正的野心，不禁释然了——与其让他到外面偷吃脏东西，还不如找个人给他开个小灶。

她的观点是：当一个女人无法完全控制一个男人时，只需要控制她能控制的部分就好了——比如法定的联名权，嫡子的第一继承权，等等。

男人总把自己出轨的责任赖到女人身上，却不知道，他在结婚之初，或者谈恋爱的时候，就挖了一个贤妻良母的坑让女人跳——而女人，闭着眼睛或者睁着眼睛跳进这个陷阱之后，自然成为"制度化"的贤妻良母，甚至都忘记自己最初为什么走进婚姻。

贤妻良母都不得不面对现实的瓶颈。

很少有贤妻良母是闲着的，部分贤妻良母不仅需要处理好家里的事情，还得在外面辛苦地工作。她得在办公室忙碌 8 个小时，在路上塞上 2 个小时。一个人到中年的旧友就忍不住说，她上班的时候必须和办公室的小姑娘和老爷们一起工作一起竞争。

是贤妻良母就得洗衣服做饭扫地擦厨房，除了照顾自己、照顾孩子以外，她还得记得给她的男人买痔疮栓漱口水，等她回到床上，累得倒头就睡，就算不倒头就睡，哪有时间和精力去跟老公讨论那些通关或者天人合一啊？能睡个囫囵觉就不错了，还有多少激情和想象力？

于是，大部分贤妻良母型的女人在床上就不符合男人的期待了。当他幻想眼前是一个身材曼妙的美女杀手时，她已经因为生孩子而身材变形，因为哺乳胸部变得干瘪——尤其是当她的老公因为她总是倒头就睡而跟她发脾气时，疲惫不堪的她也无能为力。

遇到这样的情况，有几个男人会因为心疼她而主动承担更多的家务，主动为女人减负？此时的他们有足够的理由闹点别的事情，整点别的开心出来，临了还要把责任赖到贤妻良母身上。

换句话说，因为贤妻良母在生活上已经把他们伺候得相当舒服了，所以在情感上他们有足够的时间和精力去想别人。

男人期待一个贤妻良母型的伴侣，期待对方能解决自己不愿意或者懒得解决的一切问题——而最核心的问题是，他并不想做一个好老公，他只想让自己更自由——自由地穿着人的外衣，却更接近动物本能。

有一位男性朋友晚上经常不愿意回家，原因是，他的老婆已经变了……

他总是期待老婆能做一顿他喜欢吃的饭，可是每次回去发现要么没做，要么做的都不是自己喜欢吃的。而且她生过孩子之后，身材发福，发型与身材不搭配，他总觉得她形象丑陋。以至于就算路过她公司楼下，也不愿意顺道把她接回家。

有一个男性朋友和恋爱了 3 年都准备结婚的女友分手了，原因是，他觉得她太有想法了，喜欢黏他，喜欢闹腾，还总为难他。

男人和女人一起看《奋斗》，很多女人喜欢米莱，很多男人喜欢夏楠。

实在不理解，为什么一个女人既出钱又出力，既能满足男人的梦想，又能接受男人的不负责任，这个男人却最终抛弃了她。这么宽容的女人，男人为什么不喜欢？

男人的观点是：她太黏人了！

为什么喜欢夏楠？

因为她独立，有思想。

看，男人并不希望女人多么完美，对自己多么好，你越是惯着他纵容他，他越是肆意挥霍，挥霍你的情感、你的大度、你的委曲求全。

很多男人满不在乎地勾搭小三，如果被老婆发现，就会说：哎呀，是她自己犯贱啦；哎呀，跟她在一起我觉得自己可以坏一些啦；哎呀，她对我来说就是个发泄的工具啦……

有网友在论坛发帖大声疾呼："老公，我比妓女还便宜，你为什么不愿意碰我？"

很多男人听到这种疾呼忍不住苦笑："便宜是便宜，可我每次总觉得跟观音娘娘睡一床，必须鲜花水果供着，不敢有丁点儿造次。"

还有一个女性朋友就爆出一个惊悚的消息，自家男人在床上跟她亲热的时候，忽然说到别的女人的隐私部位，并且还将她和那个女人做了比较，她自然生气，一下子就没了兴趣，可是他却兴奋异常，并且对她的不配合相当气恼。

男人跟男人在一起会交流情感体验。

有一个男性朋友刚得了个儿子，他却不愿意回家了，每每跟朋友们聊天，总是忍不住哀叹："哎，她心里只有儿子，我倒成了小三。"

当男人在交流女人有了孩子之后的诸多变化时，会忍不住说出真相：女人身材变形了，发福了，胸部下垂了——如果是顺产，那更惨，两个人在一起实在是没什么意思。

所以生活中有一部分夫妻，没有孩子的时候两个人清苦一些，一步步地建设一个家，可是明明有了孩子了，生活也渐渐变好了，两个人却忽然离婚了——甚至，很多男人宁愿放弃孩子的抚养权。

看，女人辛辛苦苦冒着生命危险，给他们传宗接代；而男人，几秒钟的快意，几分钟的感激之后，竟然如此冷酷，鬼知道他们在想什么！

一个女朋友同大家一起逛街的时候总有惊人之举，比如买上 10 条丁字裤。正经的女友们都嗤之以鼻，心想这个女人真不要脸，这种事情也太有伤风化了；不正经的女友们也嗤之以鼻：你还需要用这种方式讨好他吗？何况大家眼中她的老公其实是个土包子暴发户，每天开着辆破捷达去田间地头搞他的高科技农业项目。

她笑靥如花："我不是讨好他，我是讨好我自己！"

对于女人们表面的惊叹，骨子里的鄙视，她讲了个笑话作为回应：有一个猎人到森林里打猎，遇到一头熊，猎人与熊经过一番搏斗后，猎人被打败了，熊没有吃掉猎人，而是把猎人强奸了。过了一段日子，猎人又回到森林找熊报仇，一番搏斗后，猎人第二次被打败，熊再一次强奸了猎人。又过了一段时间，猎人再一次到森林找熊报仇，猎人依然打不过熊，又一次被强奸。后来，猎人第四次到森林里找熊报仇，熊远远地见到猎人，冲他大吼："你到底是来卖淫的还是来打猎的?!"

这位女友的两性哲学是：有时候，打猎和卖淫没有什么绝对的界限，他以为我是卖淫的，其实我是打猎的。

所以，她购置打猎的装备，这有什么可质疑的呢?

当然，还有另一种男人，面对自己老婆的丁字裤，第一次可能热情似火，第二次第三次就心情灰暗——因为很多男人，如果贤妻良母不解风情，他们反感这种"死鱼派"；可是，当贤妻良母变得令人销魂了，他内心又过不去一道坎儿，总觉得自己的猎物随时随地就上了别人的餐桌。

这位女朋友的解决方案是：在外就不要穿丁字裤了——没有哪个男人希望自己的女人满世界打猎。

男人的动物本能让他们必须有征服感，有和别的男人 PK 的过程，才感觉自己有爱。男人对女人的爱就像对土地、对产业的爱一样，只有自己吃苦流汗甚至流血换来的，才会去深爱，去捍卫。

·别把男人不当动物·

男人，是希望自己永远像个孩子的，如果他做了点什么事情，他期待你能像妈妈一样鼓励他、接受他；如果他犯了什么错，他期待你能接受他的错误，甚至觉得他之所以错了是因为你没有做好。

曾经有人给一个女孩介绍了一个相亲对象，这个男人号称拥有自己的广告公司，他自己有车，希望女方有房；期待和一个贤妻良母型的女人共建一个和谐家庭，但是希望这个女人能够支持他放飞自由的梦想。

后来这个女孩随着他出去玩了一次越野之后发现，她永远都无法做好他的搭档。因为他热爱自由的梦想包括热爱跟外面的女人调情——而且还觉得如果自己的女人计较这一点，那就太小心眼了。

不小心眼的女人是什么样子呢？女孩负气之后，步行 5 公里找到一个休息处，搭别人的车回来，愤愤地总结：他眼里的不小心眼的女人就是有自己的房子，容忍这个男人在外面跟别的女人调情，然后带着骚气回家——而且还要心甘情愿地把这种垃圾做派当成英雄风范来欣赏和膜拜——据说就算这个男人这么差劲，身边还有糊涂的女人经常追随他。

英达在某一次做节目的时候谈起和宋丹丹的婚姻生活。英达说，跟宋丹丹在一起的时候，宋丹丹就像个受气的小媳妇，大冷天的还要给住院的公公送饭，自己偷偷哭，吃力还不讨好；后来英达找了梁欢，竟然喜欢被梁欢挤兑，他爱她是因为她不太拿他当回事儿。

男人的动物本能让他们必须有征服感，有和别的男人PK的过程，才感觉自己有爱。男人对女人的爱就像对土地、对产业的爱一样，只有自己吃苦流汗甚至流血换来的，才会去深爱，去捍卫。

这已经算是不错的了，还有一些男人在情感中永远不知道自己需要什么。

很多男人，潜意识里对性的认识是矛盾的，一方面，他们不希望生活中有意外的损失、波折或者动荡，所以必须有一个贤妻良母能够帮助他捍卫自己的性资源；另一方面，他又有多余的精力和能力，又蠢蠢欲动，想要获取别处的性资源。

对于这个事情你可以这么理解：他自家的玉米棒子交给老婆去收割，他并不愿意辛辛苦苦地去为全家人打一只野牦牛作为粮食储备，但是又忍不住像只狗熊一样，去别人的地盘上偷点蜂蜜自己解馋。

很多男人期待的女人，最好是以一个贤良的处女的身份出现。哪怕他已经50岁，但是在性爱的欢愉中，她一定要有足够的经验，能够指引他，带领他，既要让他感觉如国王带领千军万马厮杀般勇猛与雄劲，又要让他觉得自己脆弱如婴孩，在母亲的怀抱里娇柔喘息。

——说到底，他要的不是一个人，而是一个他想象出来的由他所期待的各种要素组合成的妖怪。

男人靠得住，女人能上树

> 男人爱的不是对方，而是自己在这段情感中的投入，尤其是嫉妒、愤怒、占据的过程；而女孩，可能爱的也不是这个男人，只是她爱上了这个男人像雄性大猩猩那样爱自己的方式。

· 男人到底需要什么，
男人自己都不知道 ·

美剧里，一个本分的医生，拥有一个令人几乎妒忌的贤惠的妻子，最后却在其他女人的床上，在被皮鞭抽打、高跟鞋践踏的快感里，心脏病爆发。

身边总有女朋友会像被马蜂蜇了一样发现自己男人的"过分之举"，包括和同学在酒吧泡妞；仍旧会和前女友联系；和同事网上聊天有热辣过火的内容；和女网友上床了，等等。

2010 年，在央视上经常出现的白衬衫带领结络腮胡子男，让我们不小心见识了，原来很多男人还有平日里看不到的一面——包括所谓的成功人士和公众人物。

有一位女性朋友认识了一个青年才俊，从上海某名校建筑系毕业之后远赴美国留学，然后回到中国工作，似乎前景绚烂，他们很快陷入热恋之中。青年才俊说，他想要找一个贤妻良母型的女人相伴过一生，结果这个女孩和他谈了半年恋爱，两人也没有特别过分亲密的举动。青年才俊说，最欣赏她的就是这点，在这个时代中还能守身如玉。可是忽然有一天，这位女性朋友却将该男与该男的一位女同事捉奸在床。

生活中还有更倒霉的女网友，可能发现男朋友枕头底下有沾染着不良液体散发着恶臭的西红柿，或者丈夫的行李箱里有不属于自己的丁字裤，或者男人跟自己亲热的时候眼睛盯着手机里的美女照片，或者丈夫嫖宿幼女被抓……生活每天都很精彩，而男人们的世界永远充满黑暗的传奇色彩。

尽管女人总是不愿意将想象力用在男人身上，但男人自己总是很有想象力。很少有男人会跟自己的老婆说，自己喜欢丁字裤、高跟鞋——但是谁敢保证他不曾幻想过丁字裤？或者看到别的女人穿着黑丝袜高跟鞋却没有一点杂念？

大部分女人没有男人那样的想象力，也不愿意别的女人满足自己男人的想象力；可是总有一种女人，会突破男人的想象力。

一个朋友讲述他来自军队大院的发小的故事。那男人原本有一个门当户对端庄贤淑非常讨公婆喜爱的媳妇，可是他们最终还是离婚了。

后来男人要和一个开酒吧的女人结婚，老父亲坚决反对，并且苦口婆心地劝告："起码你要找个正经女人结婚。"

该男气壮山河地说："我就不喜欢正经女人！"

很多时候，男人心里想的是 A，嘴里说的是 B，别人听到的是 C，大家以为是 D，最终，事实竟然是 E、F、G。

女人总是会听信男人的甜言或者谎言，就像母猴子以为公猴子去找香蕉了，等了半天不知道公猴子到底是出去玩了，还是去找别的母猴子了……

我认识一个男人，不仅有正儿八经的工作，闲暇时间还经营着几家酒吧，挑三拣四地过了 35 岁，无数繁花入眼，都如过眼云烟。最后遇到现任女友，简直是他命中的邪神。在外人看来这个女孩实在不怎么样，结果他却当个宝，可是那女孩好像并不把他当回事儿（是的，很多电视剧或者小说里也有类似情节）。开玩笑之余，我跟他身边的人八卦，方才知道，就这么个女孩还常从他身边跑掉，说自己喜欢上了别人，每次他都迅速出手，像公鸡一样把对方打败，把她拽回自己身边。

男人爱的不是对方，而是自己在这段情感中的投入，尤其是嫉妒、愤怒、占据的过程；而女孩，可能爱的也不是这个男人，只是她爱上了这个男人像雄性大猩猩那样爱自己的方式。

认识一位40多岁仍旧未婚的老大姐，从小在军队大院长大，经常不由自主地回味陈年往事，说她青春期的时候，因为长得漂亮被一帮男孩子竞相追逐，男孩子们为了争夺哪一伙先到她家楼下，甚至还打起了群架。

一个她根本不认识的男孩子每次都为她打得头破血流——最后她选择他作为自己的男朋友；而他在根本没有近距离看过她一眼的情况下，号称已经爱上她了。

无论男女，所谓的爱情，与其说是爱对方，不如说是爱自己对一个人的情感付出，爱那个爱着别人的自己。每一次努力都在为自己不停地加筹码——到最后，终于骑虎难下。

身边有很多大龄女青年不无幽怨地说，自己的目标就是做个贤妻良母。有的甚至会不小心骄傲地坦白："我还没谈过恋爱呢！"没谈过恋爱有什么好骄傲的呢？——如果你不曾有过让别人欲死不能的经历，你可能就不知道自己身价几何。

听一个男性朋友说，他的一个哥们终于有幸和一个女人结婚了。

他这哥们也是奇葩一枚，从给大酒店当门童开始，不知为何，用了不到10年的时间，竟然华丽转身，变成某出国咨询机构的股东。

当然，女人更是他华丽的一场意外。这女人和这哥们断断续续地交往了两年，大家觉得他们简直就是一对欢喜冤家。这女人无数次玩失踪，经常跟这个男人闹分手，最终，被这个男人截获。据说男人怕女人结婚前一天会逃跑，竟然把她所有的衣服和鞋子都锁了起来。

最初他们认识的时候，女方是男方相亲对象的好友，听这位相亲对象说该男喜欢贤妻良母，她无限鄙视地说："如果你是贤妻良母，他一定没什么热情。"

相亲对象不信，该女为了闺蜜的幸福着想，决定亲自试验一下，她应相亲对象之邀和该男共进晚餐。

见面的时候，该女穿着一件保守大方的外套，一副贤妻良母外加 OL 的派头；两杯酒过后，该女以太热为借口，去洗手间脱掉外套，原本女人味十足的大波浪稍微收拾一下，瞬间变成一个穿着低胸背心的摇滚女郎。

第二次，该女依旧陪场，依旧正经行头出现，半途大变身，羊绒大衣下面裹着黑丝袜黑皮靴和皮背心。

然后男人不再和相亲对象约会，而只约她一个人。在他们断断续续交往的两年之内，基本上是，女人打电话给男人，男人半小时之内就会出现；而男人打电话找女人，往往找不到。即使是有实质内容的约会，女人也绝不顺应他的要求，想穿高跟鞋就穿高跟鞋，想穿皮靴就穿皮靴。

开始的时候，大家都以为男人就是玩玩，每次玩过了还跟哥们分享一下经验；渐渐地发现，那哥们玩着玩着已经把自己玩进去了——而且竟然不相信那女的会玩他。

最后的最后，男人们一边嘲笑他没出息，一边又流着口水期待，有那么一个女人能走进自己的生活，满足自己的想象力，征服自己。

据说，该女经常不顾男人的挽留，踏着高跟鞋说声谢谢，然后心满意足地回家，让男人在五星级宾馆里给她打一夜电话。

结婚后，该男还非常兴奋地请几个哥们吃饭，原因是：她做梦的时候喊的是我的名字！

妒忌激发了男人的能量，妒忌时，男人会像雄鸟一样展示自己最漂亮的羽毛，秀出最动听的歌喉，如果这样仍旧无济于事，妒忌又会成为男人的动力，这动力可能导致他灭亡，也可能激励他再生。

·妒忌让女人堕为恶魔，让男人成为战神·

电影《七宗罪》中，最后一宗是妒忌，妒忌在宗教中被判定为"罪"是不争的事实。

6世纪后期，教宗额我略一世按照人们对爱的违背程度将"罪"依次排列为：傲慢、妒忌、暴怒、懒惰、贪婪、暴食及色欲；但丁在《神曲》里，根据恶行的严重程度，将七宗罪依次排列为：好色、暴食、贪婪、懒惰、愤怒、妒忌、骄傲。

无论人类还是动物，尽管引发妒忌的原因和引发的问题可能大同小异，但是在两性关系中，妒忌亦男女有别。

女人的妒忌是破坏力，妒忌很容易导致破坏，甚至谋杀、毁灭。童话里说，白雪公主的后妈妒忌白雪公主的美貌，将她驱逐出境、引诱她吃毒苹果，实际上就是千方百计想杀掉她。

某公司老板的老婆，听说丈夫有了外遇并且小三怀孕了，亲自带着女儿杀上门去，对小三一顿拳打脚踢，致使对方当场流产，并且丧失生育功能。

另一位律师事务所合伙人的老婆，到办公室里探班，听见有个年轻姑娘正和自己的老公在办公室里嬉笑，认定这个姑娘品行不端，就算没勾引成功，也有勾引的嫌疑，当天就勒令丈夫解聘这位年轻的助理。

有一位阿姨，和丈夫从夫妻店做起，最终创建起一个年盈利上千万的贸易公司，因某个偶然机会听到自己老公说，喜欢个子高挑的年轻女孩，竟然将公司所有个子高挑的年轻女孩都解聘，新的招聘启事上明确写着：38 岁以上，身高 165 厘米以下。

女人妒忌时并不在意自己的妒忌会导致怎样的后果。女人一旦受妒忌心驱使，很少有良好的后果的。——而且无论是怎样的后果，在她的妒火之下，她都未必有忏悔之心，除了破坏，她们并没有也不会寻求更好的解决方案。

"羡慕嫉妒恨"这个网络连环词应该是女人发明的——它生动形象地描述了女人情绪的发展逻辑以及情感变质的过程。

听到一位女性朋友的转述，她参加一个婚礼，婚礼嘉宾中有新郎的前女友。结果在那一天，这个女孩穿得比新娘还要招摇，呼朋引伴似乎是帮新娘张罗，其实处处都想抢新娘的风头。而新娘沉浸于自己的幸福中，纵有不快，仍能做到对她的所作所为保持漠视，这更激怒了她，最后，她借酒力大闹现场，竟然将蛋糕砸到新娘的婚纱上。

最终女孩被扭送出局。事后，凡知情者，对其都嗤之以鼻。

莎士比亚说："您要留心妒忌啊，那是一个绿眼的妖魔！"

女人的妒忌不仅会导致恶劣的后果，还直接或者间接证明自己道德不够高尚。

男人的妒忌则未必如此。

科教片里说，很多雌性动物故意制造雄性动物之间的争端，以便找到合格的伴侣。从生物本能上来说，妒忌，是男人证明自己强大的一个动力。

历史上，国与国之间的战争，除了为争夺资源之外，就是为了争夺女人。古希腊诗人荷马的史诗《伊利亚特》叙述的"特洛伊木马计"中，特洛伊之战是因美女海伦而起——特洛伊王子帕里斯来到希腊斯巴达王麦尼劳斯的宫中做客，受到了麦尼劳斯的盛情款待，但是，帕里斯却拐走了麦尼劳斯的妻子海伦，麦尼劳斯和他的兄弟决定攻打特洛伊城。麦尼劳斯如果没有丝毫妒忌心，为何不祝愿别人成为神仙眷侣？

还记得电影《乱世佳人》中男主角白瑞德发现自己的老婆还惦记着和别人约会，顿时妒火中烧，半路将自己的老婆截住，借着酒力将她扛回房间——还好，白瑞德知道，自己的妒忌心主要来自于老婆喜欢别的男人，而不是别的男人跟自己抢女人。

神话传说中，宙斯的女儿海伦，美貌冠绝希腊，求婚者接踵而来，以致引发内讧争斗，令斯巴达王（海伦母亲的丈夫）不知所措，最后机智的求婚者奥德修斯向斯巴达王进言："让海伦自己决定，并让所有求婚者起誓，他们对海伦的丈夫永不拿起武器进行攻击，在他需要支援时会全力帮助他。"所有求婚者应允后，海伦才得以挑选自己的丈夫。

看，神话已经给出遏制男人妒忌心的药方——契约，而且必须以生死为筹码，阻止自己的妒忌心爆发。

曾经有位男性朋友，闲聊时说，他考上重点大学，是因为妒忌。当时班上有一位各方面都很优秀的男生，处处都能将他比下去，甚至他喜欢的女生喜欢的也是这个男生，妒忌促使他发愤图强，成为当时那个职业高中

玩转情场的美人心计

唯一考上重点大学的学生。

认识一位企业家，谈到自己的成功经验时，笑言："我为什么对金钱有那么强烈的欲望，也是因为妒忌。"他读大学时成绩很好，但是漂亮女生最终都投入有钱男人的怀抱，他一气之下决定将赚很多钱作为自己的目标，然后——他成功了。

据说诺贝尔奖中之所以没有数学奖，是因为诺贝尔心仪的女人爱上了一个数学家——从某种程度上说，诺贝尔奖的设立是因为诺贝尔想证明，那个数学家在另一个领域是他的手下败将。

看，妒忌让女人毁灭，不仅会造成糟糕的局面，还证明自己道德不高尚；而妒忌激发了男人的能量，妒忌时，男人会像雄鸟一样展示自己最漂亮的羽毛，秀出最动听的歌喉，如果这样仍旧无济于事，妒忌又会成为男人的动力，这动力可能导致他灭亡，也可能激励他再生。

在人类历史的进程中，人的性别本能被文明、理性之类的东西困住，这个时代已经找不到两个男人或者两群男人为争夺一个女人而引发战斗，比如持枪决斗的事情了。当然，法律也不允许这样的事情发生。

像个男人那样去战斗吧！这句话似乎注定像日历一样被翻过去了。

在这个剩女盛行的危机时代，男人大都在持币待购，坐等升值，不仅没有战斗力，连战斗的机会都未必有。

女人的独立、女权的崛起，让一部分女人像男人一样去争夺恋爱资源——而且抢到手之后，还需多方维护。

那些战斗在对抗小三第一线的女人，一定深有感触吧？

那些没有和小三战斗过的女人，一部分原因可能是因为自己的老公根本不可能有小三，这么没吸引力的男人砸到自己手上，不知道是悲是喜。她们面临一个困境，自己的男人不仅对别的女人没兴趣，连对自己的兴趣都不够了！这样的事情还很多呢！

> 每个女人都是一款夹心巧克力，很多男人只是尝到外面一层皮的味道，有的男人甚至连包装都没有百分之百看明白，并不知道夹心夹了几层，到底用哪些原料制作而成。

·把男人从蹲守的兔子变为猛攻的狼·

动物世界，雄性动物比如狮子、狗，都会通过撒尿占据地盘，这是动物的一种本能。人类中的雄性，不再沿用此类原始的方式圈画地盘。尤其是一夫一妻制，让男人不需要在婚姻生活中通过争夺或者战争，就能安然地享用女人（性资源）。男人与其他动物的不同之处在于，对于自己已经拥有的爱情或者女人，已经没有争夺的愿望和乐趣。这就像一个段子里说的：中年男人在饭桌上说，以前我老婆还是我女朋友的时候，她想吃一只虾，我就给她剥 20 个，现在？连剥她衣服都懒得，何况剥虾！显然婚姻中的男人愈来愈懒惰，也愈来愈没有激情、没有创造力。当他连剥你衣服的热情都没有了，你还指望他能给你多大的惊喜——无论床上还是床下？

一位好友结婚两年，具备世俗条件中堪称幸福的诸多要素：男人工作稳定收入高，房子是三环内的大户型，另有几套投资用房出租，可以以租养贷，两部车加起来价值百万以上。奇怪的是，他们并不觉得幸福，她每次都哀叹，和老公生活平淡乏味，一度因为太无聊，两个人都觉得婚姻无趣，甚至想到整个孩子出来玩玩，也因此一次次找好友论证：两人感情不够好，养孩子有何利弊。

忽然出现的一件事情，让她和老公重燃爱火。

原因很简单，老公大学同学的弟弟来北京游玩，这个男孩顺理成章地住进了她家，余下七天的共处开始。在这个男孩眼里，这位嫂子美丽、端庄、善良、可爱，既是贤妻良母又像小妖精。所以即使男主人在场，他也掩藏不住眼神中的爱慕之情。

生理本能激发了她老公的妒火，第一天晚上他发现隐情，反应过来；第二天他便坐立不安，在她面前与客人小小地 PK 了一下；第三天晚上他便像重新抢占自己的地盘一样，天雷勾地火，比热恋时更有激情，也更卖力；第四天便像看守一样，不许别人觊觎自己的囊中物。客人还没走，他已再次占有、拥有了她，在婚姻中开始一段新的恋爱。

另一女友也分享了自己的经验。她男友的哥哥一直未婚，她男友本想蹭房子，带她住进哥哥家。她做饭时哥哥打下手，原本习惯于坐着当大爷的男友过来抢活儿干；聊天时她男友也热烈地接话题，生怕话头被哥哥接了去；原本习惯 1 点以后才睡觉的男友，那一晚 11 点不到就催着她赶紧洗洗睡吧，而且激情过后，他还规定她不许这样，不许那样，说到底不许春光外泄，就算自己没外泄，也不许别人偷丁点儿春色。

可见，男人并不是真的对你没兴趣，只是可能他懒。对于偷吃的人来说，还是吃不到的最香；如果是天天摆在跟前，就算是山珍海味，老吃也会烦。

搞活市场需要引入竞争，搞活男人也是。有另一女友一次意外的行为获得了意想不到的效果。

男人靠得住，女人能上树

该女友工作中认识一个男人，该男对她印象极佳，从网络到现实努力追求，女孩告知其已有男友的事实，该男仍旧穷追不舍，女孩无奈之下，将对方发给她的短信、聊天记录一并打印出来，请男朋友吃饭的时候拿给他看。

当然，她肯定表明心迹——况且短信、聊天记录等内容已表明了她的立场和态度，男友在信任支持她之余，也对她跟紧了一些。

若干天之后，男友问这位"意外来客"的情况，女孩说，后来就不再骚扰了。

后来的后来，男友坦白说，他通过电话、姓名、IP 地址等信息，委托人查到该男的工作单位、上级关系等信息，然后几经周折，让该男的工作单位将其派驻外地了。

对于这一事件，不同的人自有不同的看法。有人觉得该男友手段厚黑，有人羡慕他能量强大。不过在我看来，这或许是雄狮子或者公狗撒尿占地盘的升级版。

狮子与狗，靠基因、靠体力、靠本能来实现对自己领地，尤其是雌性的占领；而男人，靠能力、靠资源、靠手段，或者就是靠财富，实现他对女人的占领。

如果一个男人有能力、有资源、有手段甚至有财富，就是对占有你没兴趣——那么他的一切，包括财富跟你有什么关系呢？

占有欲可能是本能，但是妒忌心能再度激活它。

女友和老公外出度假，海边的酒店，她自以为很正常地穿着家里最保守的裙子走来走去，没到半小时，就被揪回自己的房间，换上老实本分的裤子——而且被强令穿上鞋，因为同行的男人不仅看她的小腿，还盯着她的脚看。

他的妒忌心刺激了他的占有欲，而他的占有欲刺激了她的情欲，那一次外出，他们主要的游乐项目都是在宾馆房间里完成的。

莎翁名剧《奥赛罗》中，奥赛罗自杀时说："你们应当说我是一个在恋爱上不智慧、过于深情的人，妒忌心一旦被煽动以后，就会糊涂到极点。"仔细推敲莎翁的逻辑，或许他给我们一个暗示，在恋爱上智慧一些，深情但是不过分、不太傻的话——妒忌心被煽动，未必会导致糊涂，未必会导致恶劣的结果。

妒忌是一味药，到底能让人降火还是让人体虚，不在于药本身，而在于该如何服用。

有另外一个男人，觉得家里实在无聊，就约了几个哥们去酒吧找乐子，在酒吧里遇到参加聚会的老婆，发现男人们围绕着她，对她如痴如醉。妒忌心让他走过去跟自己的老婆打招呼。

老婆很意外但是很坦然、很高兴地把他介绍给在座的同事和朋友。

朋友们因为她的缘故，对他的态度也更热烈，让他觉得自己是幸运的、合格的陪衬，他从没发现自己的老婆原来如此千娇百媚，挑逗自己的心性，那一晚他感觉自己是拥有最好的罂粟园的农场主。而她，在别人倾慕的目光里，吸引力像小宇宙一样爆发。他实在难以把持，竟然把她拽进了洗手间。

谈恋爱的时候，常常遭遇甲之砒霜乙之蜜糖的事儿。

有一男性好友，觉得自己老婆没心没肺的小孩子心性最能激发他内心父亲似的情怀，在他眼里，他的小女友非常可爱，就连她犯傻犯二，他也会乐呵呵地收拾残局；而另外很大一部分男人最抓狂的就是自己女朋友跌跌撞撞想一出是一出的表现，让他觉得她不够端庄，老在公共场合让他难堪。

上文提到的这位男友带着他的小女友走在路上，撞上了她以前的男朋友。那位前男友忽然意识到，原来自己曾经的女朋友可以找到这么一个优质男人，立刻觉得自己差了一大截，恍然顿悟，其实女孩原本是无价宝，只是自己眼拙。此后，他竟然多番努力，请求女孩回到自己身边。

可见，女人与男友或老公分手后，最好找一个比前任更好甚至好很多的男人，在大街上相遇的时候，很可能会上演一出励志剧。

每个女人都是一款夹心巧克力，很多男人只是尝到外面一层皮的味道，有的男人甚至连包装都没有百分之百看明白，并不知道夹心夹了几层，到底用哪些原料制作而成。谁会相信那些连女人衣服都懒得剥、剥不好的男人，能将女人的性格、内心、思想都一层层地剥干净，理清楚？

认识一个女人，本来对一个男人有兴趣，但是男方的态度总是摇摆不定。她故意装作和男人的一个哥们走得很近，吃吃喝喝聊天唱歌，甚是志趣相投。最后，那个她心仪的男人终于从蹲守的兔子变成猛烈进攻的狼。

一位女友准备和男朋友结婚了，但是男朋友号称很忙，号称什么都不懂，把装修房子、买家具、筹备婚礼之类的活儿全推给她，让她最好能像搬一个家具一样把他搬回家就好了。商量、恳求、吵架都没用，最终，女人想出了一个办法，她很淡定地和老公商量，发几个他的哥们来帮忙。

男人同意了。开始的时候他很舒服，有一个人把所有事情都包了，丝毫不用他操心，真是爽哉。可是忽然有一天，他看到自己的女人和别的男人一起去影楼、挑服装，和别的男人一起看家具、刷墙漆，甚至一起将共同看好的一个沙发搬进卧室，他忽然明白，再不回头，岸可能马上就是别人的了。

看，男人的妒忌心不仅针对别的男人，甚至因为妒忌而怀疑自己，怀疑之后马上振作起来，积极行动。

当然，很多时候，女人未必是有意识地利用了男人的妒忌心。

有一位女性朋友喜欢一款戒指，老公怎么也不明白她的心思，于是她就带着一个异性好友逛街，在柜台上试了又试。晚上回家，收到异性好友的短信："真喜欢的话，我买了送你。"

老公在旁边忍不住追问，弄明白前因后果之后当机立断："要买也是我买，怎会轮到他？"

当然，还有另一种可能，就是老公故意挑衅："让他买吧。"

好吧，我遇到过异性好友送东西的事儿，送了，拿到了，正好是我需要的。回到家，掩饰住兴奋之情，装作非常苦恼地问那个失职的人："怎么办呢？好大一份人情呢！"

最后的结果是，回送礼物做人情，礼尚往来嘛，当然，他来买单。

> 女人往往跟无数个人谈未来，谈婚姻，谈孩子和老死，可是最后，女人仍旧没结婚；而男人，可能和无数的女人谈恋爱，甚至没有和任何一个人准备结婚，准备一起老死——可是忽然就和一个自己都未曾想到的女人结婚了，而且觉得可以一起老死。

· 逼婚不如哄婚 ·

一只雌鸟往往会引发数只雄鸟的争斗，以判断到底哪一只能做自己的伴侣。动物世界里很多游戏规则在人类社会同样存在，只是相比较而言，女人比雌鸟更有思想更有方略——女人可以变换很多方式给男人择偶提高门槛。

只是与雌鸟相比，女人常常运气不好。这是个剩女时代，男人面对的女人比雄鸟面对的雌鸟多，是否有男人愿意付出更高的成本，还是两说着呢。

年轻的时候谈恋爱，女人会说：我们在一起没有将来的；我父母肯定不同意我跟你在一起；我家人给我介绍了新的对象，他有房有车还是硕士。

男人就以为这个女人否定了自己，自己是没有机会的了；而此时，女人的意思是：你要努力证明你是有将来的；你要向我父母展示你的能力；你要对我承诺，你会更好地对我，不让我后悔。

有时候，女人为了让男人向她求婚，会闲扯出很多理由，比如，我妈妈说我年纪大了，该结婚了；我爸爸正在给我介绍对象；我的女朋友们说了：如果你不跟我结婚，我们就不要在一起了！

很多女人说这番话的时候，没有别的意思，她只是在等一句承诺，甚至只是一句哄她在心理上过关的谎话；可能是需要类似于送一枚戒指或者见一见双方父母这样节点性、象征性的物质和事件。

每每听到这些话的时候，男人们都很受伤，觉得很没面子，有的甚至会拍拍屁股走人。

很多女人和男人，在一起时间长了，就走入一个死胡同：不结婚就分手！

有时候是因为两个人认识时间长了，甚至同居很久，男人已习惯于当前的生活方式，而女人面对的却是没有固定契约的关系和日益增加的年龄等压力。

男人没有婚姻的束缚可以有足够的时间投入其他事情，比如很多男人在同居后事业突飞猛进，而女人却能明确地意识到，男人免费使用自己的身体、青春等资源，自己却没有合理的渠道分享男人的成果，执拗地想要结婚。

也偶尔有女人在同居后更有责任感，工作更出色，其实她内心的想法是希望通过各种努力，表现出对婚姻的责任和诚意；但是很多男人因此觉得压力倍增。

男人一般不会承认自己难以胜任某个工作或者角色，如果他们经过努力却没有成功，那么他们通常会选择逃避。但是，女人会觉得：我都可以做到，你为何不能做到？其实女人真实的意思不是指责，而是需要一个承诺，或者只是一个更合理的解决方案。

男人此时感受到的却是指责，是女人对自己"技不如人"的洞悉。

女人其实想说：我需要一个承诺，我需要你哄我一下，我需要你的奖励，我需要你尽力而为。

但是她却会表达成：要你有什么用？你还不如某某——或者，还不如分手算了。

很多男人听到这些话的时候，会想：分手就一了百了了，而结婚，却要和面前这个人继续生活几十年，继续遇到很多问题——这是很可怕的。

不是他不想结婚，而是，他害怕结婚之后的很多情况。他很可能无法想象，无力承担。男人很害怕被人要挟、威胁——结婚和分手，这种二选一的开头似乎注定他下半辈子都会被要挟着在 AB 之间选择，没有其他的答案；甚至他们相信这不是一个良好的开头，他们觉得以后遇到所有的事情，女人都可能用这种手段对付他们。所以很多男人会选择：分手吧。

在男人眼里，女人终于如愿以偿，得意地分手了；而女人往往哭得稀里哗啦：我跟他在一起这么多年，他从没想过娶我！

看，又一次南辕北辙！

连大 S 都说过："不结婚，谈什么恋爱啊？"很多女人，在青春期暗恋或早恋的时候，就曾设想对方是自己的终身伴侣，甚至以考察理想中终身伴侣的方式来考察身边这个男人或者男孩；从正式谈恋爱时起，她已经以一个终身伴侣的标准来要求对方了。同时以这样的标准自我要求，所以很多女人在开始恋爱的时候，哪怕还是学生的时候，就开始学着给男孩织围巾，买衬衫。

偶像剧里，女人想说一个男人"花心"，她说："跟他说话会怀孕的。"很多女人，认识一个男人之后，很可能只见面三次，就在脑海里判断，和这个男人一起到老会是怎样的情形。

男人有时候只是因为太寂寞才谈恋爱，有时候交女朋友可能是为了心理上的放松，或者生理上的放松。

而女人，往往会因为未来的需要而忽视甚至蔑视眼前的需求。

曾经有一个女同学，她比男生更早考上研究生，于是不停地敦促自己的男朋友考研究生、考公务员，参加各种专业考试，自己很忙，男人很累。男人说："我希望你陪我一起打会儿游戏，这是我想要的生活。"女人却说："你明明知道考公务员很重要，你为什么不努力呢？"

最后他们分手了，女人觉得男人实在没出息，觉得自己很高尚地努力了很久，男人却不肯付出丝毫努力；而男人觉得女人并不爱他，只是爱她期待的那个男人带来的生活方式，而他不是她期待的那个人，也无法给她她期待的生活。

女人对男人的爱和期待是奔着组建一个家庭合作单位，进行一生的长跑做准备的；而男人，很多时候，是饥饿之时吃东西的心理。尽管他可能是按照自己对终身伴侣的期待去找伴侣的，但是，第一，他每个阶段对终身伴侣的期待是不一样的；第二，对他来说，他的终身伴侣首先要满足眼前的需求。

可是有几个女人不是奔着结婚而谈恋爱的呢？——只要一个女人生于正常的家庭，接受过正常的教育，有几个会奔着同居流产而不结婚去谈恋爱的？

有几个男人在他谈恋爱的时候就认定自己面前的这个女人是自己要与之过一辈子的？

在婚姻的问题上，男人比女人晚熟很多。而女人，可能早早就对婚姻有幻想，有计划；男人很可能直到遇到那个可以结婚的人，仍旧没有幻想，不会计划。

男女在结婚对象这个问题上往往会出现这种情况，每一个女人在认

男人靠得住，女人能上树

识一个男人的时候，都以结婚的标准考察和要求。女人往往跟无数个人谈未来，谈婚姻，谈孩子和老死，可是最后，女人仍旧没结婚；而男人，可能和无数的女人谈恋爱，甚至没有和任何一个人准备结婚，准备一起老死——可是忽然就和一个自己都未曾想到的女人结婚了，而且觉得可以一起老死。

真是踏破铁鞋无觅处，蓦然回首，那人却在灯火阑珊处。

玩转情场的美人心计

男人希望女人像一张海报，白纸黑字，表达明晰；而不希望女人单向地认为自己是一颗光芒万丈的珠宝，任何一种光彩都能吸引男人去研究光彩背后的质地。

· "怎么回事" 是怎么回事 ·

男人，无论是老公还是老板，经常会问："怎么回事？"其实他是想问："Can I help you？"

儿子和别人家的孩子打架了，男人会问："怎么回事？"其实他是想说："让我来看看这个问题该怎么解决。"或者："让我来解决这个问题。"

男人在路上遇到别的车抛锚了，跑过去问："怎么回事？"其实他是想说："哥们，说说看，需要帮忙吗？"

同样是看热闹，男人一边跑过去一边问："怎么回事？"其实他不需要任何人回答，如果有人想回答，只需说"看看去"，就等于回答了。

此时，很少有男人需要一个知道前因后果的女人在耳边跟他讲解整个事件的来龙去脉。

只要观察一下看热闹的人群就会发现，大部分男人在看，即使发表评论也不是针对"过去事件"的进程与对错——所以男人可能有足够的情绪来鼓动，嬉笑，戏谑。

对于"怎么回事"这个词汇，男女的表达和理解并不一样。

女人有时候发脾气。男人想看球赛她偏不允许，或者无论男人做什么她都为难、干涉，甚至阻挠。男人就会问："你怎么回事？"其实他并是想问你到底怎么回事，你不用回答他，当然他可能问的时候也并不是为了让你回答——他只是用这种方式表达他的无奈、无助或者不明就里，甚至愤怒。

这个时候，你与其瞎闹腾，还不如给他一个明确的建议或者意见，如果你们不是特别能了解对方的想法，没有百分之百的默契，尽量不要用疑问句，或者把问题扔给对方。

男人问"你到底怎么回事"，不是疑问，可能是质问。他质问不是想弄清事情的真相，而是想摆脱目前的困境。

很多女人在闹腾的时候，只记得自己的不开心、愤怒，或者纯粹的生理反应，比如烦躁，而不知道，也不愿意去改进说话方式。

所以，当男人问"你怎么回事"时，很多女人会用逼迫的方式把男人的质问再踢回去。

男人看她不开心，或者有无名火，开始的时候是不愿意理会的。紧接着，女人就开始找茬，比如开始唠叨，因为一点小事纠缠不清，反反复复地唠叨，或者质问，因为一件很细小的事情，很可能就是男人没给自己开门，或者男人的外套上沾了一根头发这种鸡毛蒜皮的事情质问半天，质问到最后，把男人曾经撒过的谎、犯过的错全数落一遍，数落完了之后有的还不依不饶，或者谩骂，或者诅咒。

开始的时候男人会问："你怎么回事？"

女人开始甩脸色，男人再问："你怎么回事？"

他想表达的意思是："怎么了？要不，开心一下？"

而女人会觉得，你连我为什么不开心都不知道，还问！实在是不了解我啊！实在是不知心啊！这时候女人正在气头上呢，干脆反问："你说我怎么回事？"

这个时候，女人完全可以直接告诉对方自己的心理活动——比如你又点了我不喜欢吃的菜，你反省一下吧！你又说了我不喜欢的话，道歉吧！

很多男人原本是想解决问题的，没想到女人根本不是解决问题的态度，甚至不以合适的、合理的的方式表达，于是赌气，或者任由女人闹。

看着女人歇斯底里地发作，男人忍耐了好久终于忍不住了，会继续愤怒地问："你到底怎么回事？"其实这个时候他是想说："赶快结束，打住，我要崩溃了！"

在女人看来，男人说"你到底怎么回事"，是想把双方不愉快的责任推到自己身上。她之所以这么闹腾，是因为男人在某些方面做得不够好，如果男人都做好了她是不会闹的。

女人需要的是有人能安抚她，知道她需要什么，知道她想要什么，能迅速平复她的情绪。可是，事到如今，女人不仅没有正面说出自己的想法，还将男人带入争执的泥潭，让男人也没有解决的方案，并且觉得男人在指责她。

女人如果能明确地说，跟我去逛街，我们去睡觉，那就简单多了，可是女人们却经常在一念之间把自己逼上绝境。

有一个男性朋友，25 岁结婚，26 岁离婚后一直单身，并且一直视女人为老虎。单身已经 8 年多的他再不想跟任何女人结婚，问其原因，原来他和前妻在一起，总是不知道她为什么闹。有一次他们在家里闹了 7 天 7 夜，请假不上班地闹，最后他筋疲力尽，只想睡个觉，结果只要他往床上一躺，女人就一盆水泼下来了。

他至今想象不出，这个女人怎么了，是不是疯了？

女人问"怎么回事"，无论问的对象是考试考砸了的儿子，还是领口上有口红的老公，她需要的是一个解释，一个回答，甚至还需要对方表现出道歉的诚意，表现出无辜的样子，最好指天发誓对她忠贞不贰，让女人放心，这样女人才觉得事情没那么严重，自己有足够的能力去解决这些问题。

如果男人积极表态，解释清楚，当机立断给女人一个让她放心的保证，女人就会释然，然后就此打住。

可是，不幸的是男人不会顺从女人的心理逻辑。他觉得女人是在小题大做无事生非，如果他这么认为，那么很可能一点小小的误会就是一场战争的开始。

男人很不愿意猜测女人的心思和想法，男人希望女人有话直说，女人喜欢男人"你猜你猜你猜猜猜"。

男人希望女人像一张海报，白纸黑字，表达明晰；而不希望女人单向地认为自己是一颗光芒万丈的珠宝，任何一种光彩都能吸引男人去研究光彩背后的质地。

男人希望女人是个能按自己意愿干活的机器人，而不希望自己成为能陪女人唠嗑的情感大师。

男人太容易说出想法和问题，因为他不可能像狗一样关注女人在她眼睛还没动的时候就知道她需要什么，并且提前准备得完美无缺。

男人找女人不是为了接受责难、为难、质问、讽刺的。这个世界上大部分的男人找女人，是因为和一个女人在一起自己更轻松更舒适，所以为了避免两个人出现激烈的矛盾和争执，女人需要的是用合适的方式直接说出自己的想法，比如我想吃蛋糕，让他带你去吃蛋糕，而不是吃拉面。千万不要用质疑的方式说："拉面有什么好吃的？天天就知道吃拉面，我最讨厌的就是拉面了！"一旦这样说，男人的"拧筋"和反骨反而出来，非吃拉面不可。

男人很少会去研究女人的心思，他不摔门而出已经是在尽力克制了。女人不妨告诉他自己需要他怎样应对这种局面。

一个女性朋友和老公约定：只要她脾气不好，他就立刻放下一切事情，抱她，哄她，给她讲笑话。

而另外一对即将步入婚姻殿堂的朋友找到了一个适合他们的万能药方，他们商定的办法是：只要女方想吵架，男方就负责把她弄上床。

男人靠得住，女人能上树

男人是没有耐心的，也不会有高于女人的智力，而且他们只看结果和证据，不会去猜想女人做一件事情有何逻辑背景与心理活动。

· "闹剧式" 勒索是蠢女人的专用法宝 ·

女人骨子里总有一些不自信的东西，我们不知道这种不自信到底源自哪里。或许是生理本能的反应，身体素质和先天机能上都处于劣势；或许是先天的生理前提造成的心理特征，比如敏感、脆弱，生怕被人毁了面子，生怕被人伤到自尊。所以，在大部分时间里，女人会想方设法让男人给自己一个答案。

年轻的女孩，如果觉得男孩做的一些事情不是自己期待的，或者有一些期待不愿意、不能够和男人直接说明，女孩子就会用她的方式——在她的概念里是引导对方，但是在男人的心理状态下，这完全是在逼迫。

女孩会说："谁谁谁对我比你对我好，谁谁谁送我的东西我很喜欢，谁谁谁如何如何。"此时女孩的意思是：我希望你比谁谁谁对我更好；我希望你送一个我更喜欢的东西……而男人，因为吃醋、妒忌、自卑或者被激怒而说道："那你跟谁谁谁好得了，干吗和我在一起？"

女孩于是就抓狂了。

有时候，女孩会说："你看你有什么好呀？"接着会数落一堆，比如："你个子也不高，收入也不高，长得也不帅……我却跟了你。"

此时女孩想透露的信息是："我喜欢你夸赞我，我希望你感激我的好。"

可是男孩此时已经误解了她的意思，以为女孩在嫌弃他，于是破罐子破摔，甚至会愤怒地说："我没让你跟着我，你不满意现在就可以走！"

于是女孩又抓狂了！

女人常常为了一点感激，为了一个夸赞，为了让对方对自己更好一些，而做出一些让人无法理解的事情。

有一个女性朋友和她的男朋友，在大家的眼里甚是般配，而她却常常跟她的男同事玩暧昧。每每男同事对她略有反应，或者给她发一些暧昧的短信，她就会一边得意一边觉得匪夷所思，并且将这些事情一五一十地讲给自己的男朋友听。

男朋友听了难免会生气，想找那个男人算账；而她的目的并不是引起两个男人的争端或者纠纷，只是想考验一下自己的男朋友是否在乎自己，到这里她的目的已经达到了，所以会阻止自己的男朋友做出过分的举动，并且信誓旦旦地保证自己对他没感觉，甚至彻头彻尾地损一遍那个男人。

其实她损别的男人并非真心实意地损，就像她勾引的时候也并非真心实意地勾引一样；可是当她批判完那个倒霉蛋之后，她的男人就以为她真的对那个男人不感冒，也表示很相信她，于是事件就平息了。

可是之后，她发现自己的男朋友很快对自己又不是很在意，于是只好再次制造这样的纠纷出来。一次、两次可以，次数多了之后，男朋友习以为常，并且认为她在这些事件中逐步成长了，对自己更加依赖了，两个人

男人靠得住，女人能上树

的关系也更加安全了。

结果除了她第一次讲述时，她男朋友有一些想"会会对方"的表示之外，以后再遇到类似的事情，男人都说是她自己想多了。

其实，女人制造这些事件，只是想获取男朋友更多的关注，没想到在事件不断的发生和平息中，男人的关注反而越来越少，就像这些事件的边际效应越来越低一样——最后她终于爆发了。

很多女人为了获得男人的关注和夸赞，会做出一些愚蠢的事情。跟别的男人玩点小暧昧，或者蔑视别的男人的追求。有的女人会通过吵架、酗酒、闯祸等手段，希望将事情闹到男人必须帮忙收拾残局的地步，似乎这样才能证明男人在乎自己。

大约 10 年前，还在大学里，有一位女朋友决定去拍裸体写真，因为她觉得自己的身体很美。

身体很美没必要拍写真吧？大家质疑。

她说，只有她号称要拍写真，并且即将走进影楼的时候，她男朋友才会非常紧张地在意她的所作所为，其余时间她觉得这个男人心里根本没有她。

与之可以比肩的是，一个女人觉得自己的男朋友不是很在乎她，于是去做了一个文身，将初恋男孩的名字纹到脚踝上，结果导致男人大发雷霆，女人因此得到男人在乎自己的证明。

还有另外的女人，为了获取男人的关注，会闹一些剧目出来，比如无论生活中还是电视剧中，总有一些女人因为受冷落而有轻生的行为，引发一些自杀秀。

女人有时候只沉溺于自己的需求和作为，短期内或许能获得自己想要的满足，比如心理上的安全感，但是，这种事情愈演愈烈，最终往往与最初的愿望背道而驰。

男人是没有耐心的，也不会有高于女人的智力，而且他们只看结果和证据，不会去猜想女人做一件事情有何逻辑背景与心理活动。

文身女孩最后洗去文身也没有留住男朋友，因为男人觉得愿意把初恋男孩的名字纹到自己身上，说明她爱的是那个男人，不是他，而他无法接受这种挫败感——她的身体和心灵都不归属于他。

闹自杀、自虐的女人前几次获得了男人的同情和关爱，几次之后，男人就崩溃了，男人也会觉得麻烦、没有安全感，甚至觉得女人的暴力倾向不符合他对未来安宁、富裕生活的期待。

女人们没有更好的办法，只好搞一些让自己疼痛，让别人抓狂的事儿，以获取自己想要的结果，吸引别人，或者诱导别人。

一个女性对此的评论是："这是一种勒索，蠢女人的专用法宝。"

她不仅自己不会做此类事情，甚至也不允许别人对她进行此类勒索。

因为她很小的时候就被动地接受过这方面的教育。

她小的时候，父亲有外遇，母亲通过各种努力仍旧没有让父亲回心转意，于是某一天，趁父亲在家，一家人吃饭的时候，母亲故意喝得酩酊大醉，想大闹一场。结果父亲技高一筹，淡定地看母亲喝完，在她准备撒泼打滚的时候，轻蔑地起身，拂袖而去。

所以从中学时起，遇到有男生极力表现自己想引起她的注意，她总是能淡定而轻蔑地走开。大学毕业时一个追了她四年的男同学拎着酒瓶将她堵在宿舍里，让她给个说法或者承诺，结果她连门都不开，人都不见，直接打电话让校警将人带走了。

> 对于自家男人，该用还得用。如果你长期不用他，他就没存在感，他对你可能就没啥意义。如果你不用他，就会有别的女人用他，花他的钱，住他的房，睡他的床，打他的娃——你和他的娃。

· 宠自己，别宠男人 ·

女人需要被宠，也需要自己宠自己。如果女儿不对父亲撒娇，妻子帮丈夫完成所有体力活，姐姐只像母亲一样心疼弟弟而不让他心疼自己——那么女人，可能已经失去了不少女人味道。

《红楼梦》里说：女人是水做的，男人是泥做的。那么，这样没有女人味的女人，估计就是水泥做的了。

其实，在女儿和母亲之间，女人需要扮演一个很重要的角色：女友——即使你结婚了，你也不要立刻就成为孩子他妈，你首先仍旧是他的小女友。

有的男人表面上很无奈，其实很骄傲地嗔怪："你这个小妖精！"无论是男人还是女人，听了心里都痒酥酥的。

在你已经做了别人的女儿，还没做别人的老妈之前，不要轻易成为他的老妈子。你有大好的年华大好的机会大好的心情，可以做一个自己想做的人，可以做很多自己想做的事，而这个世界上，有一些事情不是你必须做的，尤其是和很亲近、很亲密的人，比如男朋友、恋人、爱人在一起的时候。如果你经常做，他自然会养成习惯，在他的思维惯性里将这样的工作全部扔给你。

你做，你辛苦了，然后，就成为你的义务了——有一天，本来你不做也是正常的，而他却会埋怨、抱怨，甚至数落你。

据说，在宋丹丹和英达的婚姻里，英达连个电灯泡都不换，全是宋丹丹在做，结果，他爱上了别人。同样，有很多女人抱怨，自己忙得要死，男朋友从来不帮忙。网上也有很多主妇现身说法——自己的男人不心疼自己，要男人没什么用。

为什么会到这种境地呢？他们为什么不心疼你？你为什么要抢着干活？他们不干于是你就必须要干吗？那些事情真的必须做吗？他们拿什么回报你了？

其实，每个人在家庭生活中是有分工的，《木兰辞》结尾处说："爷娘闻女来，出郭相扶将。阿姊闻妹来，当户理红妆。小弟闻姊来，磨刀霍霍向猪羊。"可见，无论花木兰在战场上如何英勇善战，回到家里，杀猪宰羊的事情还是弟弟该做的。

和几位男性朋友聊天：有两个女人供你选择，一个会杀鸡宰鱼，而另一个无法接受杀鸡杀鱼的血腥场面，如果只能爱其中一个，你们会爱哪一个？

在场的男士都是适婚年龄，只有一位男士说："要那个能干的。"再追问："为什么？"

他的答案是："这样我在家就是大爷了！"

看看，男人的心态原来是这样。你很努力地为他做很多事情，他未必真的领情，未必真的感激。

其实，这些事情未必就是你的业务范围。在座的一位男士的说法比较合适，他说："可以让卖鱼的帮着杀啊！"如果你做了原本就是男人该做的事情，他就成了"大爷"。

所以，有时候，男人不心疼你，是不是因为你把他宠坏了？

很多女性经过单身生活，一个个都练成了超人。很多人生导师也告诫女人，不要依靠男人，装个杀毒软件并不比生孩子难。这是对的，但是仅限于单身的时候，没有男人的时候。

如果你跟一个男人在一起，还需要自己安灯泡、自己搬运米面、自己换水——那干吗跟这个男人在一起呢？

偌大的办公室里，饮水机没水了，如果眼前没有男人，两个女人合作装一次水完全没问题；如果眼前有男人，他却视而不见，你一定要放他一马吗？

还记得曾经拜访一个朋友的公司。还没进门就听见有女生在喊："某某某，发一个男人下来！"

进去一看，原来楼下女生少，即使看上去完全有能力将水桶放到饮水机上的女人，也表现出爱莫能助的姿态来，然后很快，就有男人高高兴兴地从楼上跑下来，献殷勤。

即使女人能做到、做好一切，也要偶尔表现出不可以做到、不可以做好。不然，男人都闲置了！

所以，对于自家男人，该用还得用。如果你长期不用他，他就没存在感，他对你可能就没啥意义。如果你不用他，就会有别的女人用他，花他的钱，住他的房，睡他的床，打他的娃——你和他的娃。

有些事情注定是需要男人做的。

你单身的时候自己购物、自己杀鸡宰牛那是你生存能力的体现；因为男人单身的时候也会自己煮方便面、自己缝补袜子、自己买衬衣。

但是，只要和男人在一起，就记得必须进行社会分工。

尽量把体力活让给他做，比如搬运东西，包括挪家具、超市里购物的时候拎重物。

不做看上去暴力血腥的事情，比如杀戮、碎尸类的，包括切断公鸡的脖子和打死房间里的蟑螂。

尽量将与机械有关的事情交给他做，如新买洗衣机的操作、疏通管道之类。

尽量将复杂的事情交给他做，诸如阅读并解释女用除毛剂的说明书。

你可以做适合你做的工作。他杀鸡的时候你可以远远地掩面旁观，然后等他完工后将现场收拾干净；他负责拎水果、饮料、洗涤剂，你可以负责拎内裤牙刷抹布；他负责搬运，你可以帮忙擦汗开门；他负责研究洗衣机该怎么用，你可以收拾他的内裤准备洗涤；他负责疏通管道，你可以在客厅泡茶等他……

男人靠得住，女人能上树